# DOMINA TU DINERO

# Natalia Lara
## @_laranat

# DOMINA TU DINERO

## Antes de que te domine a TI

MOLINO

Primera edición: enero de 2026
Primera reimpresión: febrero de 2026

© 2026, Natalia Lara Madrid
© 2026, Penguin Random House Grupo Editorial, S. A. U.
Travessera de Gràcia, 47-49. 08021 Barcelona
Diseño del interior: Penguin Random House Grupo Editorial / Angie Izquierdo
Recursos del interior: Shutterstock

*Printed in Spain* – Impreso en España

ISBN: 978-84-272-5299-8
Depósito legal: B-19.666-2025

Compuesto en Fotoletra, S.L.
Impreso en Rodesa
Villatuerta (Navarra)

MO 52998

# ÍNDICE

# INTRODUCCIÓN

## Por qué no debería darte vergüenza hablar de dinero

¿Quién no se ha sentido incómodo cuando a un familiar o a un amigo le ha dado por hablar de dinero? Le dan a uno ganas de meter la cabeza en un agujero del suelo, como si fuera un avestruz, y al final acaba cambiando de tema ccn disimulo.

No te preocupes, pasa más veces de las que crees. De hecho, en muchísimos países, el dinero es uno de los tabús más grandes que existen. Créeme, incluso más que hablar de política o de sexo.

Y si te paras a pensarlo detenidamente, en realidad ¿a quién le beneficia que no hablemos de dinero? ¿A ti? ¿A tu familia o a tus amigos? Lo mismo les interesa a todos aquellos que ya saben cómo manejarlo y prefieren que tú sigas viviendo en Narnia, pero es solo una opinión.

Ese silencio que orbita alrededor del dinero ha ido creando generaciones de personas que van a ciegas a la hora de gestionar sus finanzas, que están repitiendo patrones familiares, en muchas ocasiones poco saludables, y, por supuesto, aprendiendo a base de darse coscorrones contra la pared.

Sin ir más lejos, está a la orden del día meterte en un crédito rápido con intereses ya no abusivos, lo siguiente. O regalarle dinerito al banco sin más en forma de comisiones de mantenimiento de cuentas (o cualquier cosa que se inventen) durante años y, créeme, esas comisiones estaban mejor en tu bolsillo.

Déjame decirte que hablar de dinero no es de mala educación como siempre te han dicho. Hablar de dinero te hace ser una persona inteligente que quiere tomar mejores decisiones. Porque hablar de dinero es como hablar de salud: ¿juzgarías a alguien por querer mejorar sus hábitos alimenticios? Seguramente no; pues con el dinero pasa exactamente lo mismo.

Aquí vamos a normalizar hablar de dinero y vamos a tocar todos los palos relacionados con él: sueldos, deudas, inversiones y ahorro. Sé lo que estás pensando y no, no voy a usar tecnicismos. Te hablaré claro, de forma directa y sin filtros. Cuanto más normalices este tema de conversación, más poder tendrás sobre él.

## Qué vas a encontrar (y qué no) en este libro

- Lo que SÍ vas a encontrar:
  - Palabras claras, directas y sin rodeos. No hay ni maquillajes ni tecnicismos para impresionar. Hablamos de pasta, de dinero contante y sonante.
  - Consejos prácticos que puedes poner en práctica desde ya, hoy mismo, aunque tengas 10 € en la cuenta bancaria.

- o Ejercicios y retos para que puedas avanzar a tu ritmo y no te agobies.

- o Un bofetón de realidad: no te voy a prometer que tendrás millones de euros en un año, pero sí que vas a tener mucho más control y muchísimo menos estrés financiero.

- Lo que NO vas a encontrar:
  - o Fórmulas mágicas para hacerte rico de la noche a la mañana. Si alguien te promete eso, huye.

  - o Estrategias de inversión ultracomplejas que requieren un doctorado en Economía.

  - o La recomendación para invertir en cierto sector o empresa específica. No soy adivina ni tengo una bola de cristal.

  - o Juicios sobre cómo te gastas el dinero. Si quieres fundirte el sueldo en videojuegos, cervezas artesanales o viajes, adelante. Este libro no va de convertirte en una máquina de ahorrar, sino de que sepas tomar decisiones.

  - o Lenguaje complicado. Te lo explicaré todo como si estuviéramos tomándonos algo de tranquis en una terracita.

## ¿Qué es ser «rico»? (*spoiler*: no se trata solo de tener mucho dinero)

Antes de empezar, quiero hacerte una pregunta: Para ti, ¿qué significa ser rico?

La inmensa mayoría enseguida piensa en coches de lujo, mansiones, viajes a destinos exóticos... Pero, después de profundizar, de hablar con cientos de personas a lo largo de mi carrera como asesora financiera, desde clientes hasta amigos dentro del propio sector financiero, he descubierto que el verdadero sentido de la riqueza no es tan superficial.

Analízalo. Ser rico no es ni más ni menos que tener opciones. Me explico: tener opciones es poder decir que no a un trabajo con condiciones pésimas o tóxico sin más porque tienes un colchón financiero que te cubre. Ser rico es poder ayudar a un familiar o a un amigo cuando lo necesita. Ser rico es dormir a pierna suelta por la noche porque sabes que un imprevisto no te va a destrozar la vida.

Conozco a personas con sueldos normalitos que se sienten más «ricas» que el típico señor trajeado que tiene unos ingresos seis veces mayores. ¿Y sabes cuál es la diferencia? Que estas personas con sueldos normalitos han aprendido a gestionar lo que tienen. Sin embargo, la mayoría de los señores trajeados viven enganchados a un estilo de vida que muchas veces no pueden mantener.

En este libro no voy a enseñarte a ser millonario (aunque si lo consigues, no me negaré a que me invites a comer). Lo que sí voy a enseñarte es cómo alcanzar la tranquilidad financiera y eso, créeme, tiene mucho más valor. ¿Te imaginas lo que es sentir ese estado de satisfacción en el que el dinero deja de ser una preocupación y pasa a ser una herramienta que trabaja para ti?

Suena genial, ¿no? Esto empieza a pasar cuando dejamos

de ver el dinero como un objetivo final y comenzamos a verlo como el medio de transporte que nos permite vivir la vida que queremos.

Y ahora que tenemos claros algunos puntos, vamos a lanzarnos de cabeza en el primer capítulo y a empezar a meterle caña al cambio de la relación que tienes con el dinero. ¿Vamos al lío?

# CAPÍTULO 1
# EL DINERO Y TÚ: UNA RELACIÓN COMPLICADA

## ¿Por qué te da miedo hablar de dinero?

¿Cómo te sentiste la última vez que hablaste sin tapujos sobre tu situación financiera?

Para la mayoría de la gente, hablar de dinero es casi igual de incómodo que hablar de problemas de pareja en una cena familiar delante de los suegros. Y no es casualidad. Desde pequeños nos han bombardeado con mensajes como: «No preguntes cuánto cobra la gente» o «No digas cuánto te ha costado esto o lo otro».

Pero vamos a analizar de dónde viene ese miedo en realidad.

El dinero está cargado de emociones, por no decir que es una emoción en sí. Te da vergüenza si crees que ganas poco, sientes culpa si piensas que ganas mucho, te da miedo ser juzgado, te da ansiedad pensar que no sabes si lo estás haciendo bien... Hablar de dinero es, en realidad, como si habláramos de nuestras inseguridades.

También está el factor de comparación. Nos da miedo descubrir que nuestro compañero de trabajo gana más por hacer lo mismo o que nuestros amigos ahorran más, aunque salgan lo mismo que nosotros. Las comparaciones son odiosas, pero también nos muestran muchas cosas.

Por supuesto, no olvidemos el tabú cultural. En muchas familias, el dinero es un tema tan prohibido como hablar de política en Nochebuena.

*Pero aquí está la paradoja: cuanto menos hablamos de dinero, menos aprendemos. Y cuanto menos aprendemos, más miedo nos da el tema. Esto es el pez que se muerde la cola, así que en este capítulo vamos a romper ese círculo vicioso juntos.*

## Mitos y frases tóxicas sobre el dinero que necesitas desactivar para ayer

- El dinero es la raíz de todos los males.
- El dinero no da la felicidad.
- Para ganar dinero es necesario esforzarse mucho en el trabajo.
- Los ricos son avariciosos, malvados o sin escrúpulos.
- No puedo permitirme ahorrar.

¿Te suenan estas frases? Yo las llamo «virus mentales financieros». Vamos, creencias limitantes que hemos absorbido sin cuestionarlas y que condicionan la relación que tenemos con el dinero.

Vamos a desactivarlas en un periquete.

- **El dinero es la raíz de todos los males:** El dinero no es ni bueno ni malo, es una herramienta. Lo que hagas con él puede ser constructivo o destructivo, pero en sí no tiene moral, eres tú quien la tiene. Dicho de otro modo: si eres buena persona y tienes dinero, serás una buena persona con dinero; si eres mala persona y tienes dinero, serás una mala persona con dinero. Pasa lo mismo si no lo tienes.

- **El dinero no da la felicidad:** No, no te compra la felicidad de manera directa, pero no tener dinero sí puede causarte una enorme infelicidad. El dinero te da seguridad, opciones y libertad, que son ingredientes importantes para el bienestar.

- **Para ganar dinero es necesario esforzarse mucho en el trabajo:** Si esto fuera verdad, los albañiles serían millonarios. El dinero no viene necesariamente del trabajo duro, sino del valor que aportas, de las decisiones que tomas y, en ocasiones, también del privilegio o la suerte que tengas, aunque he de decir que son las menos de las veces.

- **Los ricos son avariciosos, malvados o sin escrúpulos:** Generalizar nunca está bien. Hay personas generosas con mucho dinero y personas mezquinas con poco. La cuenta bancaria no determina el carácter de uno, eso ya lo hemos visto.

- **No puedo permitirme ahorrar:** Esta frase quizá sea la más tóxica de todas. La mentalidad de escasez nos hace creer que cualquier cantidad pequeña «no merece la pena». Sin embargo, incluso 5 € a la semana, suman 260 € al año. Grano a grano, se hace una montaña.

## Cómo influye la historia familiar de cada uno con el dinero en las decisiones que tomamos

Sin darnos cuenta, cada uno llevamos una «mochila financiera» cargada con las experiencias, las creencias y los comportamientos que fuimos viendo en casa mientras crecíamos. Si te criaste en un hogar donde el dinero siempre fue un tema de tensión, lo más probable es que ahora evites pensar en las finanzas. Si tus padres nunca te explicaron nada sobre cómo gestionaban el presupuesto familiar, puede que ahora te sientas perdido a la hora de intentar organizar el tuyo. Si escuchabas frases como: «No tenemos dinero para permitirnos eso», pues quizá ahora te cuesta creer que puedes aspirar a más.

La buena noticia es que, una vez que identificas estos patrones, puedes decidir de manera consciente con cuáles te quedas y cuáles tienes que cambiar. No estás condenado a repetir la historia financiera de tu familia.

*Piénsalo: ¿Qué mensajes recibiste sobre el dinero mientras crecías? ¿Cómo hablaban tus padres entre ellos del dinero? ¿Había tensiones cuando llegaban las facturas?*

Estas experiencias que has mamado desde pequeño han moldeado más de lo que imaginas la relación que tienes ahora con el dinero.

## EJERCICIO. IDENTIFICAR LOS PATRONES
## EMOCIONALES CON EL DINERO

Vamos a hacer un pequeño ejercicio de autoconoci-
miento financiero:

1. Identifica tus emociones automáticas. Cuando piensas en revisar la cuenta bancaria, ¿qué sientes? ¿Ansiedad, culpa, indiferencia, curiosidad? Nombra esa
   emoción y dila en voz alta o escríbela aquí:

   _____

   _____

   _____

   _____

   _____

2. Conecta con los primeros recuerdos que tengas sobre el dinero. ¿Cuál es el primer recuerdo que tienes
   relacionado con el dinero? Puede ser algo sencillo, por ejemplo la primera hucha, la paga semanal o
   también algún comentario que escucharas:

   _____

   _____

   _____

   _____

   _____

**3.** Reconoce tus comportamientos recurrentes. ¿Tiendes a gastar de manera impulsiva cuando estás triste? ¿Evitas mirar el saldo de la cuenta? ¿Te cuesta gastar en ti mismo, pero no en los demás? Identifica estos patrones SIN JUZGARTE, por favor:

_____

_____

_____

_____

_____

**4.** Imagina tu «yo financiero ideal». ¿Cómo te gustaría sentirte cuando piensas en el dinero? ¿Qué comportamientos te gustaría tener? Visualízalo con detalle:

_____

_____

_____

_____

_____

Este ejercicio no es mágico, pero te va a dar una primera radiografía de la relación emocional que tienes con el dinero.

## Mentalidad financiera: aprende a pensar como alguien que sabe (aunque aún no sepas)

Hay una diferencia abismal entre las personas que gestionan bien su dinero y las que no; y no, no voy por ahí. Esto no va de tener un nivel altísimo de conocimientos técnicos. La diferencia está en LA MENTALIDAD. Sí, en mayúsculas.

Las personas que tienen una mentalidad financiera saludable comparten ciertos rasgos:

- **Piensan a largo plazo.** No sacrifican el futuro a cambio de gratificaciones inmediatas.
- **Asumen la responsabilidad.** No culpan a la economía, al Gobierno, a la mala suerte o al ratoncito Pérez de su situación financiera (aunque a veces influyan).
- **Ven el dinero como un medio, no como un fin.** Entienden que el dinero es una herramienta para conseguir la vida que desean, no el objetivo en sí mismo.
- **Aprenden todo el rato.** No dan por sentado que ya saben todo lo que necesitan saber sobre finanzas. Este tipo de mentalidad es de las más tóxicas.
- **No se comparan destructivamente.** Usan la comparación como motivación, no como una excusa para sentirse mal.

La buena noticia es que puedes empezar a pensar así desde ya, aunque todavía no poseas todos los conocimientos técnicos. Esto es como aprender a conducir: primero desarrollas la actitud correcta (respeto a la carretera, atención, paciencia) y luego vas perfeccionando la técnica. Después de unos meses, lo que antes te costaba pensar para hacer, ahora te saldrá de forma automática.

## La regla de oro: no necesitas ganar más, necesitas entender mejor

*Acabo este capítulo con lo que considero la regla de oro de las finanzas personales: el problema no suele ser cuánto ganas, sino cómo entiendes y gestionas lo que ganas.*

Durante el tiempo que he pasado ayudando a otros a gestionar sus finanzas, he conocido a muchas personas con sueldos modestos que han conseguido ahorrar, invertir y construir patrimonio, y a otras con ingresos muy altos que viven siempre al límite, endeudadas y estresadas.

La diferencia no está en la cantidad que entra en la cuenta bancaria cada mes, sino en cómo entienden el flujo del dinero, en las decisiones que toman o en la capacidad que tienen para planificar.

Por supuesto, ganar más ayuda, para qué nos vamos a engañar, pero sin la mentalidad y los conocimientos adecuados, un aumento de sueldo solo se traducirá en un aumento proporcional de gastos. A esto se le conoce como la «inflación del estilo de vida».

Así que, antes de centrarte en ganar más (que también lo veremos más adelante), vamos a asegurarnos de que entiendes y aprovechas al máximo lo que ya tienes. Porque, créeme, hay mucho margen de mejora en tu situación financiera actual que aún no has descubierto.

# CAPÍTULO 2
# EL ABC DEL DINERO

## ¿Qué narices es el dinero? (Y por qué no solo es para gastarlo)

Antes de meternos en técnicas y estrategias, vamos a empezar por lo básico: ¿qué es el dinero?

Seguro que estás pensando: «¡Venga ya! Sé perfectamente qué es el dinero. Son esos billetes y esas monedas que no me duran lo que a mí me gustaría». Y sí, esa es la forma física del dinero, pero su esencia es mucho más profunda.

El dinero, en su forma más pura, es tiempo y energía materializados. Es el valor de tu trabajo, de tus ideas, de tus habilidades convertidas en algo que puedes intercambiar por otras cosas que necesitas o deseas.

Cuando recibes el sueldo, no solo recibes unos números en la cuenta bancaria: recibes el equivalente a las horas de tu vida que has dedicado a trabajar ese mes. Y he aquí la pregunta clave: ¿tratas esas horas de tu vida con el respeto que merecen?

La mayoría de nosotros hemos sido programados para pensar en el dinero sobre todo como en algo que se gasta. Trabajas, cobras, gastas, repites. Esto es, ni más ni menos, la famosa «carrera de la rata». Pero el dinero tiene al menos tres funciones igual de importantes:

1. **Medio de intercambio:** Sí, lo usamos para comprar cosas que necesitamos y disfrutar.
2. **Depósito de valor:** El dinero puede conservarse y acumularse con el tiempo, lo cual te permite construir riqueza.
3. **Herramienta de creación:** Cuando inviertes dinero, estás creando la posibilidad de tener más dinero en el futuro. Esto es como plantar semillas que pueden dar frutos.

Así que la próxima vez que recibas la nómina, recuerda: no solo has recibido dinero para gastar, has recibido potencial, opciones y libertad.

Ahora depende de ti cómo lo uses.

## Ingresos, gastos, ahorro e inversión: los cuatro jinetes de las finanzas

Todas las finanzas personales pueden reducirse a cuatro conceptos básicos. Son como los cuatro jinetes de las finanzas y van a determinar tu salud financiera, así que es imprescindible que entiendas cómo funciona cada uno:

- **Ingresos:** Todo el dinero que entra en tu vida. Puede ser el sueldo, pero también venir de otras fuentes como alquileres, ventas ocasionales, dividendos de inversiones, etc. Los ingresos son la gasolina de tu motor financiero.

- **Gastos:** Todo el dinero que sale de tu vida. Desde lo básico como el alquiler o la hipoteca, alimentación y facturas, hasta los caprichos, como esa sudadera que te compraste porque estabas triste o la suscripción a un servicio que apenas usas. Los gastos son pequeñas fugas.

- **Ahorro:** La diferencia entre lo que ganas y lo que gastas. Es tu margen de maniobra, tu colchón de seguridad. El ahorro es como tener una despensa financiera para cuando lleguen las vacas flacas.

- **Inversión:** El dinero que pones a trabajar para generar más dinero. Esto no es solo para ricos, se puede empezar con cantidades pequeñas. Las inversiones son tus trabajadores, que generan ingresos mientras tú duermes.

*La clave para tener una buena salud financiera es mantener estos cuatro jinetes en equilibrio. Si tus ingresos apenas cubren tus gastos, nunca podrás ahorrar o invertir. Si ahorras mucho pero nunca inviertes, tu dinero va a perder valor con el tiempo debido a la inflación.*

Y aquí está el secreto que nadie te cuenta: no tienes que ser un genio en estos cuatro aspectos. Puedes ser normalito en tres de ellos y ser un crac en uno solo, pero aun así tener una salud financiera excelente. Si has pensado en que eres un crac gastándolo, dale una vuelta a ese pensamiento. Puedes ser un crac a la hora de controlar los gastos. La persona que controla los gastos o la que ha aprendido a multiplicar los ingresos puede compensar debilidades en otras áreas.

## Diferencia entre ser pobre, estar pelado y vivir al día

Es importante distinguir entre estas tres situaciones financieras porque, aunque sean muy parecidas, representan problemas y soluciones bastante diferentes:

- **Ser pobre:** Es una condición estructural en la que los recursos e ingresos son insuficientes para cubrir las necesidades básicas, a menudo debido a factores sociales y económicos que quedan fuera del control inmediato de cada uno. Ser pobre no es solo no tener dinero, también es no tener oportunidades, redes de apoyo y acceso a recursos.
- **Estar pelado:** Es una situación temporal de falta de liquidez o, dicho de otra forma, no tener un duro. Puedes tener buenos ingresos, pero te lo has gastado todo antes de final de mes. Es como quedarse sin gasolina: tienes el coche, pero no puedes usarlo.
- **Vivir al día:** Es un estado en el que cubres los gastos mensuales, pero no tienes margen para ahorrar o invertir y, lo que es peor, no tienes un colchón de seguridad para «los porsiacasos». Cada mes, empiezas desde cero y esto hace que seas

muy vulnerable a cualquier imprevisto. Es como caminar por una cuerda floja sin red de seguridad.

¿Por qué es importante diferenciar estos conceptos? Porque cada uno tiene soluciones muy diferentes:

- Si eres pobre, necesitas atacar el problema desde distintos ángulos: educación, desarrollo de habilidades, redes de apoyo y quizá incluso recurrir a ayudas sociales mientras construyes tu camino.
- Si estás pelado, necesitas un presupuesto y disciplina para gestionar las entradas y salidas de dinero (a esto se le llama «flujos de efectivo»). Es un problema de comportamiento, no de recursos. Te lo digo de otra forma: tienes que empezar a educarte.
- Si vives al día, necesitas crear un margen en tu presupuesto para empezar a construir una seguridad financiera, tal vez reduciendo gastos innecesarios o bien aumentando los ingresos.

Muchas personas que se consideran «pobres» en realidad están peladas o viven al día, y esa distinción es crucial para encontrar el camino hacia la estabilidad financiera.

## La fórmula mágica: INGRESOS – AHORRO = GASTOS (y cómo hacer que te funcione)

Parece la fórmula más obvia del mundo, ¿a que sí? Ingresos menos ahorro igual a gastos. Pero si tan simple es, ¿por qué hay tanta gente que no consigue ahorrar?

La respuesta está en la tendencia que tenemos de hacer complicado lo simple. Nos obsesionamos con ganar más (ojo, que está bien, pero no es la única variable) o nos dejamos llevar por la inercia del consumo, sin prestar atención adónde va el dinero en realidad.

La magia no está en la fórmula en sí, sino en cómo la aplicas. Para ello, vamos a ver tres enfoques que pueden funcionar:

- **El enfoque 80/20:** Identifica el 20 % de los gastos que te dan el 80 % de satisfacción. Elimina o reduce el resto. No se trata de vivir como un monje, sino de gastar en lo que de verdad importa.

- **El método «págate a ti primero»:** En cuanto recibas tus ingresos, aparta inmediatamente un porcentaje para ahorro o inversión. Tómatelo como si fuera una factura que tienes que pagar sí o sí. Vive con el resto. Empieza con un 5 % si nunca has ahorrado y ve aumentando la cantidad conforme te sientas cómodo. En el siguiente capítulo te lo cuento con más detalle.

- **La estrategia del «gasto consciente»:** Antes de cada compra no esencial, pregúntate: ¿Me va a dar este gasto tanta alegría como el valor de las horas que he tenido que trabajar para ganarlo? Si la respuesta es no, reconsidera la compra.

La clave está en que, sea cual sea el enfoque que elijas, lo conviertas en algo automático. La fuerza de voluntad no funciona a largo plazo y, si dependes de ella solo para ahorrar, vas a acabar fallando. Siento decírtelo así, pero te advertí que sería clara y directa.

Configura transferencias automáticas, usa aplicaciones de ahorro o incluso ábrete una cuenta en otro banco donde sea más difícil acceder al dinero si tienes tendencia a gastarlo en caprichos y, por favor, que no tenga tarjeta.

*Recuerda: la fórmula es simple, pero requiere constancia. No busques resultados espectaculares de forma inmediata, porque no los obtendrás. Un pequeño porcentaje ahorrado de forma constante a lo largo del tiempo puede transformar tu situación financiera de cabo a rabo.*

Y este es el abc del dinero: entender qué es en realidad, familiarizarse con los cuatro jinetes de las finanzas, reconocer tu situación actual y aplicar la fórmula del ahorro de manera consistente.

## EJERCICIO. MI SITUACIÓN FINANCIERA ACTUAL

Responde las siguientes preguntas de forma honesta. No hay respuestas correctas o incorrectas; este ejercicio es solo para que reflexiones sobre la relación que tienes ahora mismo con el dinero.

## Parte A. Autoevaluación

**1.** ¿Cómo describirías tu relación actual con el dinero en una frase?

_____

_____

_____

_____

_____

**2.** ¿Cuál es tu mayor preocupación financiera en este momento?

_____

_____

_____

_____

**3.** ¿Qué significa para ti «tener dinero suficiente»?

_____

_____

_____

_____

_____

## Parte B. Conceptos básicos

**4.** Sin usar calculadora, estima cuanto gastas aproximadamente al mes en:

- Alimentación: _____
- Transporte: _____
- Entretenimiento: _____

**5.** ¿Sabes cuánto dinero tienes disponible ahora mismo? Si la respuesta es sí: ¿cuánto es exactamente?

_____

_____

_____


## Parte C. Reflexión

**6.** Completa la frase: El dinero me hace sentir _____

_____

_____


**7.** ¿Cuál crees que es la gran asignatura que tienes pendiente en relación con el dinero?

_____

_____

_____

_____

_____

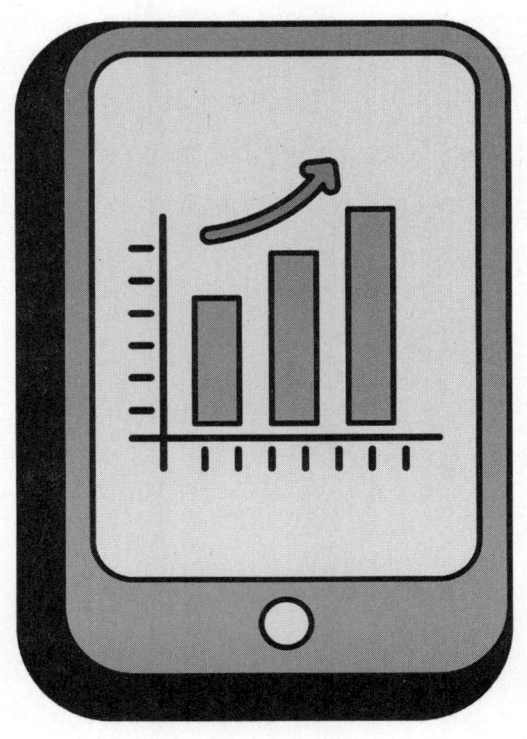

# CAPÍTULO 3
# CÓMO ORGANIZAR EL DINERO SIN MORIR EN EL INTENTO

## Presupuestos para gente que odia los presupuestos

Te estoy oyendo pensar: «Estupendo, ahora me vas a decir que haga la hoja esa de cálculo remontándome meses atrás para saber al dedillo lo que gasto». Relax, que no va por ahí la cosa.

La palabra «presupuesto» suena a algo restrictivo y aburrido, a una dieta imposible que dejas a medias al cuarto de hora de haberla empezado. Pero un presupuesto, en realidad, no es más que un plan para tu dinero. Y los planes pueden ser divertidos, flexibles y, sobre todo, adaptarse a ti.

El problema que muchos de nosotros tenemos es que intentamos adaptarnos a ellos cuando deberían ser los propios presupuestos los que se adapten a nosotros, pues no podemos encajar personalidades completamente diferentes en el mismo molde. Es como si todos tuviéramos que usar la misma talla de zapatos, ¡menuda locura!

Así que déjame decirte que esto no funciona así.

Tu presupuesto dependerá de cómo seas:

- **Si eres detallista y te gustan los números:** Sí, las hojas de cálculo pueden ser tus mejores amigas. Puedes descargarte gratis plantillas muy chulas de internet. Además, las puedes personalizar.

- **Si eres más visual y no te gustan los números:** Puedes probar con aplicaciones que utilicen gráficos y categorías con colores. Ver el dinero representado de manera visual puede hacer que seas más consciente de tus patrones.

- **Si eres de los que se agobian con demasiados detalles:** Usar el método «grandes categorías» puede ser tu mejor aliado. En vez de apuntar cada café, agrupa todo en cinco o seis grandes categorías (casa, transporte, alimentación, ocio, gimnasio, etc.).

- **Si eres impulsivo o te cuesta seguir rutinas:** Quizá te funcione mejor el método de «los sobres». Cada principio de mes, saca el dinero de la cuenta para usarlo en efectivo. Este dinero será para los gastos variables. Divídelo en sobres. Si no te gusta usar el efectivo, puedes usar cuentas separadas según tus objetivos.

*Lo importante no es el método que elijas, sino que te funcione A TI. Un presupuesto que no se cumple es peor que no tener ninguno, porque solo te va a generar frustración.*

Mi recomendación: ve probando. Si lo no pruebas, no sabrás si es para ti. Lo ideal es que pruebes cada método durante al menos 30 días hasta que encuentres uno que se adapte perfectamente a ti. Y recuerda, un buen presupuesto tiene que darte libertad, no quitártela.

## Métodos para organizar el dinero: Kakebo, 50/30/20, sobres o tu propia mezcla

Hay decenas de métodos para organizar las finanzas, pero voy a contarte los que de verdad funcionan para gente normal que no quiere convertirse en un contable profesional:

- **Método 50/30/20:** Consiste en destinar el 50 % de los ingresos a necesidades básicas (alquiler, hipoteca, alimentación, transporte, luz, etc.) El 30 % a deseos (ocio, caprichos, restaurantes, etc.) y, por último, el 20 % al ahorro y la deuda. Es sencillo, flexible y no tienes que anotar todos los gastos por separado.

- **Método Kakebo:** Esta técnica japonesa centenaria te invita a reflexionar sobre los gastos de una forma más filosófica. Al principio de mes planificas gastos por categorías y al final reflexionas: ¿Ha sido necesario? ¿Me ha hecho feliz? ¿Podría haberlo evitado? Este método es ideal para quienes necesitan tener una conexión emocional con las finanzas.

- **Método de los sobres:** En la época de nuestros abuelos, esta técnica consistía en meter el dinero en sobres según categorías: alimentación, transporte, ocio... E incluso puedes crear subcategorías dentro de las categorías. Hoy lo puedes hacer de manera digital con subcuentas. Cuando se acaba el dinero de un sobre, se acabó. No tendremos más dinero en esa categoría hasta el mes siguiente. Este método es perfecto para quienes tienden a pasarse del presupuesto.

- **Sistema de cuentas múltiples:** Consiste en tener varias cuentas para diferentes propósitos: una para gastos fijos, otra para gastos variables, otra para ahorros, etc. Este sistema es perfecto para quienes quieren separar el dinero y no mezclarlo. Es mucho más visual.

- **Tu propia mezcla:** Muchas veces, lo que mejor funciona es combinar elementos de varios métodos. Puede que te guste la división 50/30/20, pero prefieres la reflexión del Kakebo, o tal vez quieras usar el método de los sobres solo para ciertas categorías problemáticas.

Lo que de verdad importa es que el sistema o método que elijas te ayude a ser consciente de adónde va tu dinero y te dé cierto control sin que se convierta en una carga. Tener demasiado control puede ser igual de perjudicial que tener demasiado poco. La clave está en el equilibrio.

## El método del «págate a ti primero» (ahorra antes de gastar)

Uno de los mayores errores que cometemos es intentar ahorrar lo que nos sobra al final del mes. Y, para sorpresa de absolutamente nadie, casi nunca sobra nada.

Esto de «pagarte a ti primero» invierte el orden tradicional.

En vez de «cobramos, cubrimos gastos y ahorramos lo que sobra», pasamos a «cobramos, nos pagamos a nosotros mismos (ahorro) y después cubrimos los gastos con lo que queda».

¿Por qué funciona tan bien este método? Porque se adapta a nuestra psicología.

Tendemos a adaptarnos a los recursos disponibles. Si tienes 1.000 € disponibles para gastar, encontrarás la manera de gastarlos. Si solo tienes 900 € porque ya has apartado 100 €, te adaptarás a vivir con esos 900 €.

La clave está en la automatización. Configura una transferencia automática para el día siguiente al que recibas la nómina. Ese dinero debe salir de tu cuenta corriente principal antes de que tengas la oportunidad de gastarlo. Puede ir a una cuenta de ahorro, a un fondo de inversión o incluso a otra cuenta de otro banco que sea menos accesible.

Empieza con una cantidad pequeña, un 5 % de los ingresos, y ve incrementando la cantidad de manera gradual. Te vas a sorprender lo rápido que te acostumbras a vivir sin ese dinero que ahora estás ahorrando.

Esta técnica tiene tanto poder que algunos expertos financieros la consideran la única que es imprescindible de verdad. Si solo haces una cosa después de leer este libro, que sea esta, por favor.

## Gamificación del ahorro: convierte tus metas financieras en un juego

¿Te has preguntado alguna vez por qué los videojuegos son tan adictivos mientras que cosas como ahorrar parecen una tortura? Fácil, sencillo y para toda la familia: los juegos están diseñados para darte *feedback* constante, pequeñas victorias y un sentido de progreso, pero podemos aplicar estos mismos principios a nuestras finanzas.

Vamos a ver algunas formas para gamificarlas:

- **Reto de las 52 semanas:** Vamos a necesitar un bote, una caja, una hucha o lo que te apetezca usar como «caja fuerte». Vamos a empezar la primera semana metiendo 1€ en el bote. Continuamos la semana 2 metiendo 2 €; la semana 3 metemos 3 € y así sucesivamente hasta alcanzar la semana 52, cuando meteremos 52 €. Si esta cantidad es demasiado, no pasa nada, adáptala.

    Otra variante que podemos hacer es empezar a la inversa: la semana 1 meteremos en el bote 52 €, la semana 2 meteremos 51 €... Así hasta llegar a la semana 52, cuando meteremos 1 €.

- **El juego del «No Gasto»:** Busca en qué categorías quieres reducir gastos (ese café fuera de casa todos los días, la comida a domicilio, etc.). Cada día que no gastes en esa categoría, marca una X bien grande en un calendario. Por ejemplo, los martes y los jueves. Tacha en el calendario entonces todos los martes y los jueves que consigas no tomarte ese café fuera de casa e intenta no romper la tendencia. Y el dinero ahorrado que vaya a la hucha sin pasar por la casilla de salida, que nos conocemos.

- **El método de los «redondeos al alza»:** Redondea cada compra al alza en tu registro mental y transfiere la diferencia a tu cuenta de ahorro. ¿Has comprado algo por 18,73 €? Anótalo mentalmente como 19 € y transfiere 0,27 € a los ahorros. Aquí hay niveles. Si tienes manías, como me pasa a mí, puedes redondearlo a 20€, así ahorras más y tienes el doble de satisfacción.

- **Competiciones de ahorro:** Si tienes pareja o amigos que tengan objetivos similares, cread una competición amistosa. ¿Quién ahorra más este mes? ¿Quién reduce más el gasto en una categoría concreta?

- **El juego de «los cromos»:** Si te gusta ahorrar en efectivo, este es tu juego. Vamos a imaginar que los billetes de 5 € son cromos coleccionables únicos e irrepetibles que tenemos que guardar. Cada vez que hagas una compra en efectivo y te devuelvan 5 €, no puedes gastarte ese billete bajo ningún concepto. Guárdalo y mételo en la caja fuerte en cuanto tengas ocasión. Puedes subir o bajar de nivel usando billetes de 10 € o, si es demasiado, prueba con monedas de 2 € o incluso de 1 €.

Lo importante de este proceso es que sea divertido, que te mantenga motivado y que te de esa sensación de pequeñas victorias que todos necesitamos.

## Cómo crear retos personales de ahorro con recompensas

Los retos funcionan mejor cuando se adaptan a tu situación y, lo más importante, incluyen recompensas que de verdad te motiven. Puedes diseñar tus propios retos siguiendo estos pasos:

1. **Define un objetivo claro y medible:** «Quiero ahorrar 600 € en 3 meses para el viaje a Berlín».

2. **Divide el objetivo en microobjetivos:** En lugar de pensar en los 600 € totales, concéntrate en ahorrar 50 € a la semana o 200 € al mes.

3. **Establece reglas claras:** «Voy a transferir 15 € a mi cuenta de ahorro cada vez que me llegue una notificación de que he gastado en comida para llevar».

4. **Crea un sistema de recompensas:** Por cada microobjetivo alcanzado, date un premio que no sabotee tu objetivo principal. No tiene sentido celebrar que has ahorrado 200 € gastándote 150 € en una cena. Es mejor que te concedas un capricho pequeño, una experiencia o simplemente tiempo para ti.

5. **Haz el seguimiento visual:** Una barra de progreso en el frigorífico, una aplicación de seguimiento o un simple frasco que va llenándose de monedas. Lo visual motiva mucho.

6. **Comparte tu reto:** Contarle a alguien tu objetivo hace que sea más difícil abandonarlo. El compromiso social es un motivador muy poderoso.

Te regalo algunos ejemplos de retos personalizados que puedes adaptar a tu situación:

- **El reto «sin compras innecesarias»:** Durante 30 días, compra solo lo esencial. Por cada día cumplido, mete 5 € a la cuenta de ahorro o, si se te hace cuesta arriba, 3 €.
- **El reto «fin de semana de gasto cero»:** Intenta pasar un fin de semana al mes sin gastar nada de nada. Usa lo que ya tienes, busca planes gratuitos.
- **El reto «gana más, ahorra más»:** El 50 % de cada ingreso extra (trabajos *freelance*, venta de cosas que no usas, etc.) va directamente al ahorro.

Lo importante es que el reto sea lo suficientemente desafiante para mantenerte motivado, pero tampoco te pases de dificultad, no queremos abandonar a la primera.

## Trucos para ahorrar sin darte cuenta (y sin sufrir)

El mejor ahorro es el que ni siquiera notas que está pasando. Aquí van algunos trucos casi indoloros:

- **El método de los «redondeos al alza»:** Ya lo hemos visto: redondea cada compra que hagas y transfiere la diferencia a los ahorros. Existen aplicaciones que automatizan el proceso.
- **El método del «día fantasma»:** Si te pagan quincenalmente o mensualmente, programa el presupuesto como si te pagaran un día después. Ese día de diferencia te da un colchón para imprevistos.

- **El juego de «los cromos»:** También lo hemos visto: decide el billete o la moneda que nunca vas a gastar. Cuando recibas uno, va directo a la hucha o a la cuenta de ahorro.

- **El truco del *doppelgänger* o «gemelo malvado»:** Cada vez que te permitas un capricho (el nuevo videojuego que tanto querías, esa cena especial), mete la misma cantidad en tu cuenta de ahorro.

- **El método «olvidar un aumento»:** Cuando recibas un aumento de sueldo, sigue viviendo como si no lo hubieras recibido y destina la diferencia directamente al ahorro.

*Recuerda que el ahorro no se trata de que te prives, si no de que priorices. No estás dejando de gastar, estás eligiendo de manera consciente en qué gastar y cuánto gastar.*

## EJERCICIO. ORGANIZA EL DINERO PASO A PASO

Este ejercicio te va a ayudar a poner en práctica lo que has aprendido sobre organización financiera. Ve paso a paso, despacito, sin prisa pero sin pausa.

## Parte A. Inventario financiero

1. Anota TODOS los lugares donde tienes dinero:

   Efectivo en casa: _____€

   Cuenta corriente: _____€

   Cuenta de ahorros: _____€

   Otros (tarjetas prepago, aplicaciones, etc.): _____€

   **Total disponible:** _____€

2. Haz una lista de tus ingresos mensuales:

   Efectivo en casa: _____€

   Cuenta corriente: _____€

   **Total ingresos:** _____€

## Parte B. Categorización de gastos

3. Clasifica los gastos de la última semana:

   **NECESARIOS**

   Vivienda (alquiler, hipoteca): _____€

   Alimentación básica: _____€

   Transporte: _____€

   Otros: _____€

   **IMPORTANTES**

   Restaurantes/comida fuera: _____€

   Suscripciones: _____€

   Otros: _____€

**CAPRICHOS**

Compras impulsivas: _____€

Entretenimiento: _____€

Otros: _____€

## Parte C. Plan de acción

4. Escoge UNA acción concreta para esta semana:

☐ Revisar todas mis suscripciones activas (Netflix, Spotify, etc.).

☐ Configurar notificaciones de gastos en la aplicación del banco.

☐ Hacer una transferencia automática semanal a la cuenta de ahorros.

☐ Revisar los gastos pagados con tarjeta de los últimos 30 días.

☐ Otros: _____

_____

_____

_____

_____

_____

_____

_____

_____

_____

5. ¿Cuál ha sido tu «mayor descubrimiento» al hacer este ejercicio?

_____

_____

_____

_____

_____

_____

_____

_____

# CAPÍTULO 4
# DEUDA: EL MONSTRUO DEL ARMARIO

## ¿Deuda buena o deuda mala?
## Te explico la diferencia

Mira, voy a ser clara desde el principio. No todas las deudas son el demonio, aunque lo más seguro es que en casa te dijeran que sí. Mi abuela me repetía que «ni pidas ni prestes», pero la realidad es otra.

*Las deudas son herramientas, y como cualquier herramienta, puedes usarla para construir tu casa... o para clavarte el martillo en el dedo.*

## ¿Qué hace que una deuda sea buena?

- Una deuda es buena cuando:
  - Te permite comprar algo que vale más con el tiempo o te da dinero.
  - Los intereses no te destrozan (tienen que ser menores a lo que ganas con esa compra).
  - Puedes pagarla sin quedarte sin cenar.
  - Tienes claro cuándo vas a quitártela de encima.

- Las deudas buenas más típicas:
  - **La hipoteca de la casa:** Si el banco no te cobra una barbaridad y la cuota no se come más del 35% de lo que cobras, vas bien. Al final estás construyendo patrimonio mientras tienes donde vivir.
  - **La hipoteca para alquilar:** Esta me gusta más que la anterior. La casa no solo puede valer más con los años, sino que cada mes te meten dinero en el bolsillo. Si todo va bien, el inquilino te paga la hipoteca y encima te sobra algo. Es como tener un empleado trabajando para ti 24/7.
  - **Préstamos para formarte:** Si estudiar algo te va a hacer ganar más dinero, es una inversión en ti mismo. Eso sí, que sea algo útil, no un máster en Papiroflexia Avanzada.
  - **Dinero para montar un negocio:** Pero uno de verdad, con números claros y posibilidades reales de funcionar.

## ¿Cuándo te hunde una deuda?

- Las deudas malas tienen estas joyas:
  - Financian cosas que pierden valor o que te comes.
  - Te cobran intereses de infarto.
  - No te dan nada a cambio, salvo el capricho del momento.
  - Te tienen pagando hasta el día de la jubilación.

## Los clásicos que hay que evitar

- **Tarjetas que no pagas completas:** Con intereses del 20% o más. Si solo pagas el mínimo, estás cavando tu propia tumba financiera. Si gastas 300 € de tu tarjeta de crédito, págalo completo, no financies esos 300 € en varios meses. Es importante no acumular deuda.

- **Créditos rápidos:** Pueden llegar al 3.000 % de interés anual. Sí, has leído bien. Tres mil por ciento. Es un robo a mano armada, pero legal.
- **Préstamos para vacaciones:** Cuando vuelves del viaje, todavía estás pagando esas cervezas en la playa y ya ni te acuerdas de lo bien que te lo pasaste.

La cosa se complica con los coches:

- Necesitas uno para trabajar y se ajusta a tu bolsillo → deuda aceptable.
- Quieres un BMW para presumir y no tienes ni para la gasolina → deuda tóxica.

## Antes de firmar nada, pregúntate

- ¿Qué gano con esta deuda?
- ¿Puedo comprarlo ahorrando un poco más?
- ¿Esto me acerca a mis planes o me aleja de ellos?
- ¿Dentro de un año estaré contento con esta decisión?

## Las tarjetas de crédito: amor u odio

Las tarjetas de crédito son como esos amigos que pueden salvarte la vida... o arruinártela completamente. Todo va a depender de cómo las uses.

## Lo bueno que tienen

- **Financiación gratis:** Si pagas todo a final de mes, es como si el banco te prestara dinero sin cobrarte. Unos 20-30 días de crédito regalado.
- **Te devuelven dinero:** Muchas tienen *cashback* o puntos. No es mucho, pero algo es algo.
- **Más protección:** Si hay problemas con una compra o alguien clona tu tarjeta, es más fácil recuperar el dinero que si has pagado en efectivo.
- **Tu historial crediticio mejora:** Usarla bien te hace quedar genial ante los bancos para futuras operaciones.

## Lo malo que tienen (que puede ser muy malo)

- **Intereses criminales:** Si no pagas todo, te pueden clavar más del 20 % anual. Tus compras acaban costando el doble.
- **La sensación de dinero infinito:** Al no doler igual que pagar en efectivo, gastas más (es como pensar: «ya pagaré luego»).
- **La trampa del mínimo:** Pagar solo lo mínimo convierte 1.000 €, por ejemplo, en varios miles y años de sufrimiento.
- **Comisiones por todo:** Sacar efectivo, cambio de moneda, pasarte del límite diario... Cada movimiento puede costar dinero.

## Cómo usar la tarjeta sin que te use ella a ti

1. **Regla sagrada:** Paga siempre todo cada mes. Sin excusas.
2. **No uses más del 30 % del límite:** Ayuda a tu historial y evita tentaciones.

3. **Alertas en el móvil:** Póntelas con cada gasto para que te salte el recordatorio algún día antes de la fecha de pago.

4. **Elige bien:** Si viajas, que no te cobren demasiado por el cambio de divisa. Si compras mucho en supermercado, que tenga buen *cashback*.

5. **Revisa cada mes:** Por si hay cargos raros o robos.

6. **Evita sacar efectivo:** Las comisiones son brutales.

**Recordatorio importante:** La tarjeta de crédito no es dinero extra. Es tu propio dinero, pero retrasado. Si no lo tienes en la cuenta, no lo tienes.

## Cómo salir del agujero si ya estás hasta el cuello

Si ya estás hasta el cuello, tranqui, respira hondo. No eres ni la primera persona ni la última y hay salida. Te cuento cómo:

1. **Mira la realidad a la cara**

   Apunta todas las deudas:

   - Cuánto debes.
   - Qué interés te cobran.
   - Cuánto pagas al mes mínimo.
   - Cuándo la acabas de pagar.

   Sí, va a doler. Pero no puedes salir de un agujero si no sabes lo hondo que es.

2. **Corta la hemorragia YA**

   - Esconde las tarjetas (mételas en el congelador si hace falta, en un táper, con agua).

- Cancela suscripciones que no sean imprescindibles.
- Haz un presupuesto de supervivencia.
- Busca ingresos extra: vende cosas, haz trabajillos de fin de semana...

3. **Elige tu estrategia**

   - **Método bola de nieve (el que más mola a nivel psicológico):** Paga el mínimo en todas las deudas, pero mete todo lo extra en la deuda más pequeña. Cuando la canceles, todo ese dinero va a la siguiente más pequeña. Ver cómo desaparecen las deudas te da una motivación brutal.

   - **Método avalancha (el más inteligente a nivel matemático):** También pagas lo mínimo en todas las deudas, pero todo lo extra va a la deuda con más interés. Pagas menos dinero en total, pero al principio te motiva menos.

4. **Negocia como si no hubiera mañana**

   Llama a quien le debes dinero:

   - Explícale tu situación.
   - Pídele que te baje los intereses.
   - A veces hasta perdonan parte de la deuda.
   - Mira si te conviene juntar todo en una sola deuda más barata.

5. **Ten un fondo para emergencias**

   Aunque suene raro ahorrar mientras debes dinero, necesitas unos 1.000 € de colchón. Si no, cualquier imprevisto te va a hundir más.

6. **Pide ayuda si la cosa está fea**
   - Asesores financieros (que no vendan productos).
   - Asociaciones de consumidores.
   - Servicios sociales del ayuntamiento.
   - Abogados de la Ley de Segunda Oportunidad si la cosa es muy grave.

7. **Celebra cada victoria**

Cada deuda que te quites es un logro. Reconócelo y prémiate (sin gastarte dinero, que nos conocemos).

Salir de las deudas no es solo una cuestión de números, también es psicológico. Necesitas un plan que puedas aguantar y eso significa equilibrar cuentas con motivación.


## El interés compuesto: tu mejor amigo o tu peor enemigo

En teoría, Einstein dijo que el interés compuesto es la octava maravilla del mundo: «El que lo entiende, lo gana. El que no, lo paga».

Es simple: es el interés del interés del interés. Los intereses se suman al dinero inicial y la próxima vez calculas interés sobre todo junto. Es un efecto bola de nieve, pero puede aplastarte o llevarte a la cima.

Te explico. Imagina que pones a trabajar 1.000 € en una herramienta financiera que te da un 10 % de rentabilidad anual (pongo números redondos para que se entienda mejor). El primer año, se habrán generado 100 € de intereses. Si fuera interés simple, nos quedaríamos ahí. El interés compuesto usará esos 100 € y los añadirá a los 1.000 € que ya tenías. Es decir, el segundo año tendremos un 10 % de rentabilidad sobre 1.100 €, esto es 110 €. El tercer año actuaría de la misma forma: tendremos 1.210 €, que, aplicando ese 10 %, nos da una rentabilidad de 121 €. Así cada año.

Al principio parece poco, pero cuando lo dejas año tras año, el crecimiento es exponencial.

## Te machaca si tienes deudas

Tienes 3.000 € en la tarjeta al 20 % anual. Si solo pagas el mínimo (unos 120 € al mes):

- Tardarás 14 años en quitártela.
- Pagarás 3.800 € solo en intereses.
- Al final habrás devuelto más del doble.

Mientras pagas «cómodamente», los intereses se suman a lo que debes y generan más intereses. Es un círculo vicioso.

## Te enriquece si inviertes

Inviertes esos mismos 3.000 € con un 7 % anual (lo que suelen dar los índices bursátiles):

- En 10 años: 5.900 €
- En 20 años: 11.600 €
- En 30 años: 23.000 €
  Sin poner ni un duro más.

## El tiempo lo es todo

María invierte 10.000 € a los 25 años y no añade nada más.

Marta invierte 10.000€ a los 35 años y no añade nada más.

A los 65 años:

- María: 106.000 €

- Marta: 54.000 €

Solo 10 años de diferencia, pero María tiene el doble de ahorro. El interés compuesto necesita tiempo para hacer magia. Lo que marca la diferencia es el tiempo. La cantidad es la misma, pero María usa el interés compuesto durante 40 años y Marta lo usa durante 30 años. Lo que multiplica no es el dinero, es el tiempo. Esos 10 años más que el dinero de María ha estado trabajando sin añadir ningún extra se convierten en el doble de capital que el de Marta. Solo por haber empezado 10 años antes.

## Cómo usar esta magia

1. **Quítate las deudas caras cuanto antes.** Cada año con el 20 % en contra de comisiones es dinero tirado.

2. **Empieza a invertir ya, aunque sea poco.** El tiempo es dinero, literalmente.

3. **No toques las inversiones a largo plazo.** Interrumpir el proceso mata la magia.

4. **Automatiza las aportaciones.** Las inversiones regulares multiplican el efecto.

5. **Reinvierte dividendos.** Si no te los gastas, maximizas el resultado.

Lo bonito es que funciona mientras duermes, estás en la playa o viendo una peli. Una vez puesto en marcha, el dinero trabaja solo para ti.

**EJERCICIO. DESENMASCARANDO AL MONSTRUO DE LAS DEUDAS**

Es hora de enfrentar al monstruo cara a cara. Sé que puede ser incómodo, pero hazme caso, es necesario para vencerlo y te lo voy a poner fácil. Confía en mí.

## Parte A. Radiografía de deudas

1. Haz una lista de TODAS las deudas que tienes (por favor, sinceridad absoluta):

| Deuda | Cantidad que debes | Pago mínimo mensual | Interés |
|---|---|---|---|
| Tarjeta 1 | _____ € | _____ € | _____ € |
| Tarjeta 2 | _____ € | _____ € | _____ € |
| Préstamo personal | _____ € | _____ € | _____ € |
| Amigos / familia | _____ € | _____ € | _____ € |
| Otras | _____ € | _____ € | _____ € |

**TOTAL DEUDAS:** _____ €

2. ¿Cuánto pagas al mes en total por deudas? _____ €

## Parte B. El test de realidad

3. Completa estas frases:

- Mi deuda más cara (de mayor interés) es _____
  _____
  _____ .

- Mi deuda más pequeña es _____
  _____
  _____ .

- Si siguiera pagando solo el mínimo, tardaría
  _____ años en salir de deudas.

4. ¿Con cuál de estas situaciones te identificas más con respecto a las deudas?

☐ No es para tanto, lo tengo controlado.

☐ Me da ansiedad pensarlo, pero sé que tengo que actuar.

☐ Es una situación crítica, necesito un plan YA.

☐ ¿La verdad?, no sé ni por dónde empezar.

## Parte C. Plan de ataque

5. Estrategia elegida:

☐ Método avalancha (pagar primero la deuda con el interés más alto).

☐ Método bola de nieve (pagar primero la deuda más pequeña).

☐ Negociar con el banco para reducir los intereses.

☐ Frenar en primer lugar el crecimiento de la deuda.

6. Tu primer paso esta semana será:

_____

_____

_____

_____

_____

_____

_____

_____

7. ¿A quién le vas a contar tu plan para que te ayude a cumplirlo?

_____

_____

_____

_____

_____

**Nota:** Si el ejercicio te genera mucha ansiedad, puedes hacerlo en dos veces. Lo importante es empezar. Sin pri-sa pero sin pausa.

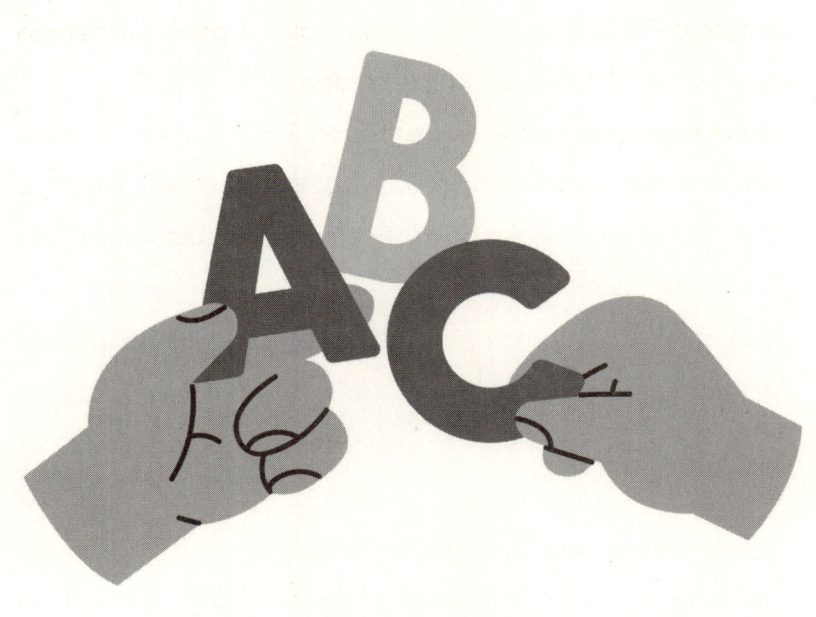

# CAPÍTULO 5
# AUMENTAR LOS INGRESOS SIN VOLVERSE LOCO

## Trabajos extras que funcionan (y los que son una pérdida de tiempo)

Todo el mundo te dice «búscate un extra» cuando necesitas más dinero. Pero no todos los trabajos valen la pena y tu tiempo es oro. Te cuento qué funciona de verdad:

- *Freelance* **en lo que ya sabes hacer:** Si programas, diseñas, escribes o traduces en tu trabajo, haz lo mismo por tu cuenta. Es brutal lo que puedes ganar. Fiverr y Upwork están llenos de oportunidades esperándote.

- **Dar clases:** Si explicas bien las cosas, las clases particulares van de 15 € a 50 € la hora. No infravalores lo que sabes: idiomas, guitarra, mates, hasta cocina. La gente paga por aprender cualquier cosa.

- **Crear contenido útil:** No hablo de que te metas a *influencer* de la noche a la mañana. Hablo de hacer blogs, *newsletters* o vídeos de YouTube sobre temas que dominas. A largo plazo, puede convertirse en dinero que entra solo.

- **Alquilar lo que tienes:** Tu casa en Airbnb cuando te vas de vacaciones, la plaza de garaje que no usas, las herramientas del trastero... Hay plataformas para alquilar casi cualquier cosa.

## Trabajos extras que no funcionan (aunque te digan que sí)

- **Encuestas online:** Pagar 2-3 € la hora por hacer clic es vender tu tiempo al peor postor. Literalmente.
- **Multinivel y catálogos:** El 99% de la gente pierde dinero o gana miserias por las horas que dedica. Solo ganan los que llegaron primero. El problema de los multiniveles es que de la comisión que recibes por la venta del producto cobra tu jefe, el jefe de tu jefe y el jefe del jefe de tu jefe. Es decir, que tú haces el trabajo y otros se quedan la comisión.
- **Compra-venta sin valor:** Comprar barato para vender caro está saturadísimo. A menos que repares, personalices o añadas algo único, olvídalo.
- **Milagros cripto:** A no ser que seas experto de verdad, esto está más cerca del casino que de invertir. Puedes ganar, pero lo normal es que lo pierdas todo.

*Busca algo que sepas hacer + que paguen bien + que no te agote ni afecte a tu trabajo principal.*

Un buen extra debería pagarte el doble o triple de lo que sueles cobrar para compensar perder tiempo libre y el estrés extra.

# Cómo pedir un aumento a tu jefe (sin que te mire raro)

La mayoría de la gente espera que su jefe reconozca su valor por arte de magia y le suba el sueldo. *Spoiler*: eso no va a pasar. Hay que mover ficha.

## Antes de la conversación

- **Documenta tus logros:** Apunta todo lo que has hecho bien, sobre todo si has generado dinero, ahorrado costes o has mejorado procesos. «Reduje errores un 37%» suena mejor que «mejoré la eficiencia». Los números son tus mejores amigos.
- **Investiga qué se paga:** En Glassdoor, LinkedIn Salary, Info-Jobs... Averigua cuánto cobran otras personas que están en tu puesto. Así sabes si pides poco o mucho.
- **Elige el momento:** Ten la charla después de un éxito gordo, antes de presupuestos anuales, cuando la empresa vaya bien. Evita los lunes por la mañana y los viernes por tarde.

## Durante la conversación

- **Habla de valor, no de necesidades:** «Merezco un aumento por el proyecto X» funciona mejor que «necesito más dinero porque me han subido el alquiler».
- **Sé concreto:** «Quiero negociar un incremento del 10-15% por mis contribuciones» es mejor que «me gustaría ganar más».
- **Ten plan B:** Si no hay dinero, pide teletrabajo, flexibilidad, formación, más vacaciones o bonus por objetivos.

- **Mantente profesional:** Nada de compararte con compañeros o quejarte. Céntrate en lo que aportas.

## Si te dicen que no

- **Pregunta qué necesitas:** «¿Qué objetivos debo lograr para justificar este aumento dentro de seis meses?».
- **Programa una revisión:** «¿Podemos revisar esto en tres meses?».
- **Considera otras opciones:** A veces el mayor aumento viene cambiando de empresa. Si siempre te niegan lo que mereces, igual es hora de buscar en otra parte.

A negociar se aprende practicando. Cada conversación, aunque salga mal, te prepara para la siguiente.

## ¿Cuándo cambiar de trabajo para ganar más?

A veces la mayor subida no viene de negociar con tu jefe, sino de cambiar de empresa. Las estadísticas son claras: quien cambia cada 2-3 años de trabajo, gana mucho más que quien se queda «por lealtad».

## ¿Cuándo hay que considerar el cambio?

- Llevas más de 2 años sin recibir aumento real (por encima de la inflación).
- Has tocado techo salarial.
- No hay promociones internas posibles.

- Tu sector está muerto pero tus habilidades valen en otros sectores.
- El ambiente laboral te está matando.
- Has rechazado ofertas mejores por comodidad.

## ¿Cómo prepararte para dar el salto?

- **Investiga el mercado:** Qué empresas pagan mejor, qué sectores crecen, qué posiciones híbridas puedes aprovechar, etc.
- **Personaliza tu CV:** No uses el mismo para todo. Destaca lo relevante para cada posición.
- **Mueve tu red de contactos antes de necesitarla:** Conecta con gente del sector, ve a eventos, participa en comunidades. El 70 % de los empleos nunca se publican.
- **Desarrolla habilidades puente:** Aprende lo que te falta mientras tienes la seguridad del trabajo actual. No sueltes una liana hasta tener agarrada otra.
- **Calcula tu valor real:** Usa calculadoras salariales, habla con Recursos Humanos, contrasta fuentes.

## Durante la búsqueda

- **Ten en cuenta todo el conjunto:** A veces menos salario se compensa con mejores beneficios, teletrabajo, flexibilidad o plan de carrera.
- **Negocia desde el principio:** Es más fácil negociar cuando te contratan que conseguir un aumento después.

- **Calcula costes reales:** Desplazamientos, ropa, comidas fuera... Un aumento del 10 % puede diluirse con nuevos gastos.
- **No quemes puentes:** Aunque estés deseando irte de la empresa, salte como un profesional. Ten presente que el mundo laboral es pequeño.

## La estrategia del «salto de rana»

Cambia cada 2-4 años con incrementos del 15-30 % cada vez. Es más rápido que esperar las migajas anuales del 3-8 %.

Después de 3-4 saltos, estabilízate un tiempo para evitar transmitir una imagen de «saltamontes» y construir logros sólidos para el siguiente gran salto.

*Recuerda que cambiar de trabajo no es de fracasados. En el mercado actual, es una estrategia financiera inteligente cuando se hace bien y en el momento adecuado.*

Aumentar tus ingresos no significa sacrificar tu vida o duplicar horas de trabajo. Con estrategia (monetizar lo que sabes, negociar mejor, diversificar ingresos o hacer movimientos inteligentes) puedes incrementar de manera significativa el dinero que entra en tu cuenta cada mes.

**De afición a dinero: cómo monetizar lo que ya sabes**

Todo el mundo tiene habilidades que otros pagarían por aprender o usar. La clave es descubrir cuáles son las tuyas y convertirlas en dinero sin que dejen de gustarte.

## Paso 1. Encuentra tus talentos ocultos

- Pregúntate:
  - ¿Para qué te piden ayuda tus amigos siempre? (Arreglar ordenadores, dar consejos de moda, planificar viajes...).
  - ¿Qué se te da bien que a otros les parece difícil?
  - ¿Qué aficiones practicas que tienen resultados tangibles?
  - ¿Sobre qué temas lees por placer?

## Paso 2. Especialízate en algo concreto

- No compitas. Destaca siendo muy específico:
  - En vez de «fotógrafo», sé «fotógrafo de mascotas exóticas».
  - En vez de «profesor de inglés», sé «*coach* de inglés para entrevistas técnicas».
  - En vez de «cocinero», sé «chef a domicilio para cenas románticas».

## Paso 3. Elige cómo monetizar

- **Servicios directos:** Cobras por hora o proyecto (clases, consultorías, trabajos a medida, etc.).

- **Productos digitales:** Lo creas una vez, lo vendes mil veces (ebooks, cursos, plantillas, etc.).
- **Comunidad:** Membresías mensuales para obtener acceso a tu conocimiento.
- **Afiliación:** Recomiendas productos que usas y te llevas una comisión.

## Paso 4. Empieza pequeño pero profesional

- Ofréceselo primero a amigos (con descuento, pero nunca gratis).
- Crea ejemplos de tu trabajo.
- Investiga precios y no te infravalores.
- Define claramente qué incluye tu servicio.
- Simplifica el proceso para trabajar contigo.

## Ejemplos que funcionan

- **Jardinería:** De cuidar tus plantas a «rescatar plantas» en oficinas y casas.
- **Videojuegos:** De jugar en casa a crear guías o entrenar a jugadores que quieren mejorar.
- **Cocina:** De cocinar para ti a vender comida preparada o repostería para eventos.
- **Organización:** De tener tu casa ordenada a organizar armarios y trasteros ajenos.

La clave está en empezar sin presión y dejar que crezca solo. Si corres mucho intentando vivir de tu pasión, puedes acabar odiando lo que antes amabas.

## Ingresos pasivos: la verdad sin filtros

Internet está plagado de vendehúmos que prometen «dinero mientras duermes». Es hora de que separemos el mito de la realidad.

**El mito:** Los ingresos pasivos son dinero que ganas sin hacer nada.

**La realidad:** Requieren una inversión brutal de tiempo al principio o una pasta gorda inicial.

No es dinero gratis, es dinero por trabajo adelantado.

## Ingresos pasivos reales (que requieren esfuerzo)

- Activos digitales:
  - **Cursos online:** Meses de preparación, grabación y marketing.
  - **Ebooks:** Escribir, diseñar y promocionar.
  - **Fotos de *stock*:** Miles de fotos profesionales para ganar algo decente.
  - **Apps/software:** Desarrollo complejo y mantenimiento continuo.
- Activos físicos:
  - **Pisos en alquiler:** Inversión grande inicial y gestión constante.
  - **Máquinas de *vending*:** Inversión media y mantenimiento regular.
  - **Alquiler de equipos:** Comprar el material y mantenerlo.

- Activos financieros:
    - **Dividendos:** Necesitas capital para invertir y conocimiento para elegir bien.
    - **Bonos o depósitos:** Pasta ahorrada para que los intereses signifiquen algo.
    - **Fondos de inversión:** Mayor rendimiento = mayor riesgo.

## Lo más accesible para principiantes

1. **Productos digitales baratos:** Un ebook de veinte páginas sobre algo que domines, a 5-10 €.
2. **Afiliación en contenido existente:** Si ya tienes canal de YouTube o un blog, añade enlaces de productos que uses.
3. **Alquilar:** Una habitación o equipos que uses poco.
4. **Automatizar habilidades:** Plantillas si diseñas, *plugins* si programas...

## ¿Cuánto puedes ganar en realidad?

Vamos a ser realistas: la mayoría de la gente genera entre 100-500 € al mes el primer año. Algunos se quedan ahí, otros crecen mucho, pero casi ninguno se hace rico de golpe.

Lo inteligente es crear varios flujos pequeños que, sumados, marquen la diferencia mientras mantienes tu fuente principal.

*Recuerda: lo «pasivo» no es el ingreso, es desconectar tu tiempo de tu dinero. No se trata de no trabajar, sino de trabajar diferente.*

**EJERCICIO. TU PLAN REALISTA PARA TENER MÁS INGRESOS**

Este ejercicio te va a ayudar a identificar oportunidades concretas para aumentar tus ingresos sin quemarte en el proceso.

## Parte A. Inventario de habilidades

1. ¿Qué sabes hacer bien? (Con sinceridad, por favor, deja la modestia a un lado):

   ☐ Habilidades profesionales: _____
   _____

   ☐ Aficiones/pasiones: _____
   _____

   ☐ Cosas para las que la gente siempre te pide que le ayudes: _____
   _____

2. ¿Qué tienes que ya no usas?

   ☐ Objetos de valor en casa: _____
   _____

   ☐ Suscripciones/cuentas que podrías monetizar:
   _____
   _____

   ☐ Espacio que podrías alquilar: _____
   _____

## Parte B. Análisis de oportunidades

3. Marca las opciones que de verdad serían viables:

   **INGRESOS RÁPIDOS** (esta semana)

   ☐ Vender lo que ya no uso (Wallapop, Vinted...).

   ☐ Ofrecer servicios puntuales (limpieza, mudanzas...).

   ☐ Trabajos de fin de semana (*delivery*, eventos...).

   **INGRESOS A MEDIO PLAZO** (1-3 meses)

   ☐ *Freelancing* con mis habilidades profesionales.

   ☐ Crear contenido online (YouTube, TikTok...).

   ☐ Dar clases particulares o tutorías.

   ☐ Alquilar una habitación o espacio.

   **INGRESOS A LARGO PLAZO** (+ 6 meses)

   ☐ Negociar un aumento de sueldo.

   ☐ Buscar un trabajo mejor pagado.

   ☐ Desarrollar una segunda actividad empresarial.

   ☐ Aprender una nueva habilidad mejor pagada.

4. ¿Cuántas horas extras a la semana podrías dedicar DE VERDAD a generar ingresos adicionales?

   ☐ 2 - 5 horas.

   ☐ 5 - 10 horas.

   ☐ 10 - 15 horas.

   ☐ Más de 15 horas.

## Parte C. Plan de acción

5. Tu estrategia de los próximos 30 días:

   Semana 1: _____

   _____

   Semana 2: _____

   _____

   Semana 3: _____

   _____

   Semana 4: _____

   _____

6. Meta realista de ingresos extra para el primer mes: _____ € (Sé conservador, es mejor superar expectativas que frustrarse).

7. ¿Qué vas a hacer con ese dinero extra?

   ☐ Pagar deudas.

   ☐ Ahorrar para emergencias.

   ☐ Invertir en mejorar mis habilidades.

   ☐ Un capricho (está bien, pero que sea planeado, por favor).

8. ¿Cuál es tu mayor obstáculo para generar más ingresos?

   _____

**Recordatorio:** Empieza pequeño, es mejor hacer algo consistente que quemarse intentando algo muy ambicioso.

# CAPÍTULO 6
# AHORRA AUNQUE NO TE SOBRE EL DINERO

¿Por qué ahorrar no es cosa de ricos?

Hay un mito muy chungo pululando por ahí: ahorrar es un lujo de quien gana dinero. ¡Qué va!

El ahorro no va de cantidad, va de costumbre y mentalidad. Las personas que conozco que mejor ahorran no tenían sueldos de escándalo, pero le habían pillado el truco a llevarse bien con su dinero.

¿Por qué hay que desterrar esta chorrada? Porque nos sirve de excusa perfecta: «Cuando gane más, empezaré a ahorrar». Y ese momento no llega nunca, porque nos gastamos todo lo que entra.

La realidad es que ahorrar va más de prioridades que de posibilidades. Si esperas a que «sobre» dinero a final de mes, no ahorrarás ni de coña. La gente que construye patrimonio, gane lo que gane, es la que decide antes qué parte de sus ingresos no se va a fundir.

*Es más, el ahorro es aún más importante si ganas poco. ¿Por qué? Porque mientras alguien con di-*

*nero puede permitirse un imprevisto sin despeinarse, para alguien que va justo de dinero una emergencia sin ahorros significa endeudarse y meterse en un círculo del que es difícil salir.*

Así que sí, puedes y debes ahorrar, aunque ganes poco. No se trata de vivir a pan y agua, sino de crear un sistema que, paso a paso, te permita tener un colchón financiero.

## Cómo empezar con 1 € al día

«Un viaje de mil kilómetros empieza con un paso» y, en el ahorro, ese paso puede ser tan pequeño como 1 € al día.

Mucha gente lo deja antes de empezar: «¿De qué sirve ahorrar una cantidad tan ridícula? No voy a llegar a nada». Este pensamiento es exactamente lo que hay que cambiar.

### ¿Por qué empezar con tan poco?

El objetivo no es hacerte rico rápido (sorpresa: no va a pasar). Es crear el hábito del ahorro regular. Es como empezar en el gimnasio: no esperas tener cuadraditos en una semana, pero cada día construyes la costumbre.

Además, esta cantidad es tan pequeña que casi cualquiera puede comprometerse sin sentir que sacrifica su calidad de vida. A nivel psicológico, es mucho más fácil comprometerse con 1 € diario que con 30 € de golpe a final de mes.

## ¿Y esto cómo se lleva a la práctica?

- **Método físico:** Una hucha, un bote, lo que sea. Metes 1 € cada día. Verlo crecer es supermotivador.
- **Método digital:** Configuras una transferencia automática diaria de 1 € a una cuenta de ahorro. Muchos bancos lo permiten y hay aplicaciones que redondean las compras y guardan la diferencia.
- **Método progresivo:** 1 € la primera semana, 2 € la segunda, 3 € la tercera... Es flipante lo rápido que crece el dinero.

## ¿Qué haces con ese dinero?

Los primeros meses, déjalo crecer. Ver cómo se hace mayor ese fondo te dará confianza para seguir y quizá aumentar la cantidad.

Al cabo de un año, habrás ahorrado entre 365 € (método básico) y más de 1.300 € (método progresivo). No es una fortuna, pero ya tienes suficiente para un pequeño fondo de emergencia o el primer paso hacia una meta más grande.

El poder real no está en la cantidad, sino en el cambio de mentalidad: pasas de «no puedo ahorrar» a «ahorro de manera consciente». Ese cambio marca un antes y un después.

## Microahorros: pequeñas cantidades, grandes resultados

Los microahorros consisten en encontrar maneras de ahorrar pequeñas cantidades muy a menudo.

Su magia está en la frecuencia y en que apenas los notas. Son como gotas de agua que acaban llenando una garrafa.

## Estrategias que funcionan

- **Redondeo de compras:** Cada vez que pagues algo, redondea al euro superior y guarda la diferencia. Café a 1,70 € → guardas 0,30 €.
- **Ahorro por comportamientos:** Crea un «impuesto» a ciertos hábitos: 0,50 € cada vez que uses redes sociales, 1 € cuando pidas comida a domicilio, 2 € por compras no planificadas.
- **Reto de las monedas:** Guarda todas las monedas de una denominación (todas las de 1 € o 2 €). Vas a flipar con lo que acumulas.
- **Día sin gastar:** Elige un día a la semana sin gastar nada. Lo que normalmente gastarías, a los ahorros.
- **Ahorro de descuentos**: Cuando compres algo rebajado, ahorra la diferencia entre el precio original y lo que pagaste.

## ¿Cuánto puedes ahorrar?

- Vamos con números realistas:
  - Redondeo: 0,30 € por compra × 5 compras diarias = 45 €/mes.
  - Comportamientos: 5 €/semana = 20 €/mes.
  - Día sin gastar: 15 €/semana = 60 €/mes.
  **Total: 125 €/mes o 1.500 €/año ¡y ni te enteras!**

Si inviertes ese dinero en vez de dejarlo parado, el interés compuesto multiplica esos resultados a largo plazo.

Lo mejor de los microahorros es que son sostenibles porque no requieren cambios radicales. Son pequeños ajustes que sumados crean un impacto importante.

## La técnica del «dinero invisible»

Una estrategia superpoderosa: hacer que el dinero «desaparezca» antes de que te lo gastes. Si no lo ves, no lo gastas.

## ¿Cómo funciona?

- **Transferencias automáticas:** El día después de cobrar, se transfiere automáticamente un porcentaje (empieza con 5-10 %) a otra cuenta. Ideal que sea en otro banco para evitar tentaciones.
- **División de nómina:** Algunas empresas permiten dividir tu nómina para que una parte vaya directa a los ahorros. Ese dinero nunca pasa por tu cuenta habitual.
- **Aplicaciones de ahorro automático:** Analizan tus gastos y calculan cuánto puedes ahorrar sin notarlo.
- **Incrementos invisibles:** Cuando recibas un aumento o bonus, manda al menos el 50 % directo a ahorros. Como nunca has contado con ese dinero, no lo echarás de menos.

## ¿Por qué funciona tan bien?

Porque aprovecha dos principios psicológicos:
- **Adaptación:** Te acostumbras rápido a vivir con menos. Si

nunca «ves» el 10 % de tu sueldo, te adaptas al 90 % restante sin problemas.

- **Inercia:** Una vez configurado, lo más probable es que nunca canceles las transferencias.

Lo bueno es que elimina la necesidad de fuerza de voluntad. No tienes que decidir cada mes si ahorras o cuánto ahorras, ya está decidido y automatizado.

La cuenta donde mandas ese dinero no debe tener tarjeta asociada ni notificaciones constantes del saldo. El objetivo es crear una separación psicológica entre el dinero para gastos y el dinero para ahorro.

Si crees que no puedes ni un 5 %, empieza con el 3 %, 1 % o una cantidad fija pequeña. Lo importante es establecer el sistema y la costumbre.

## Fondos de emergencia: tu salvavidas

Es lo más importante de tus finanzas, aunque no sea lo más sexy. Es el colchón que te permite dormir tranquilo sabiendo que tienes las espaldas cubiertas ante cualquier imprevisto.

### ¿Qué es exactamente?

Una reserva de dinero a la que puedes acceder con facilidad destinada única y exclusivamente a situaciones imprevistas: paro, problemas de salud, reparaciones importantes... NO está pensada para vacaciones ni caprichos.

## ¿Cuánto necesitas?

Lo ideal: entre 3 y 12 meses de gastos básicos (no ingresos, sino lo mínimo para sobrevivir).

- Empleo estable: 3 meses.
- Autónomo o ingresos variables: 6 meses.
- Cargas familiares o trabajo difícil de encontrar: 6-12 meses.

Si te parece inalcanzable, empieza con 1.000 € o un mes de gastos. Cualquier colchón es mejor que ninguno.

## ¿Dónde guardarlo?

- Debe ser:
    - o Líquido: accesible en 24-48 horas.
    - o Seguro: sin riesgo de pérdida.
    - o Estable: sin fluctuaciones.
- Mejores opciones:
    - o Cuentas de ahorro con disponibilidad inmediata.
    - o Cuentas remuneradas sin penalización.
    - o Depósitos a plazo muy corto (máximo 3 meses).

No lo metas en acciones o en fondos de inversión. La ley de Murphy trabaja y estoy segura de que cuando más lo necesites, el mercado estará jodido.

## ¿Cómo construirlo?

1. **Define tu objetivo:** Multiplica los gastos básicos mensuales por lo meses que quieres cubrir.
2. **Cuenta separada:** Preferiblemente en otro banco.

3. **Automatiza aportaciones:** Aunque sean pequeñas.

4. **Ingresos extraordinarios:** Al menos 50 % de extras, devoluciones...

5. **Repón siempre:** Si lo usas (para emergencias reales), la prioridad número uno es reponerlo.

Un fondo de emergencia no es un gasto, es una inversión en tranquilidad. Te permite tomar mejores decisiones porque no actúas desde la desesperación.

## Ahorro por objetivos: dale sentido a tu esfuerzo

Ahorrar es mucho más motivador cuando tienes un propósito claro. Crear «subcuentas» mentales o reales para metas específicas.

- Ventajas:
  - o Aumenta tu motivación para ahorrar.
  - o Reduce la sensación de sacrificio.
  - o Disminuye la culpa cuando gastas ese dinero.
  - o Te ayuda a priorizar lo importante.
  - o Facilita el seguimiento.

## ¿Cómo implementarlo?

1. **Define objetivos concretos:**
   - Viaje a Japón: 3.000 €.
   - Entrada del piso: 30.000 € en 5 años.
   - Portátil nuevo: 1.200 € en 8 meses.

2. **Calcula cuánto ahorrar:**

   - 1.200 € en 8 meses = 150 €/mes. ¿Es realista? Si no, ajusta el plazo o el objetivo.

3. **Separa físicamente:**

   - Diferentes cuentas bancarias.
   - Subcuentas virtuales.
   - Productos financieros según el plazo.

4. **Visualiza tu progreso:**

   - Barras de progreso.
   - Fondo de pantalla del móvil.
   - Recordatorios mensuales para celebrar avances.

5. **Automatiza aportaciones:**

   - Transferencias automáticas según la prioridad de cada objetivo.

## ¿Cómo priorizar objetivos?

- Considera:
  - **Urgencia:** ¿Tiene fecha límite?
  - **Importancia emocional:** ¿Cuánto te va a hacer feliz?
  - **Consecuencias:** ¿Qué pasa si no lo logras?
  - **Coste de oportunidad:** ¿Qué sacrificas por esto?

## Sistema 50/30/20

- 50 % metas a largo plazo (jubilación, independencia).
- 30 % metas a medio plazo (entrada vivienda, estudios).
- 20 % metas a corto plazo (viajes, tecnología, experiencias).

El ahorro por objetivos transforma el acto de «privarse» en «crear» tu futuro como lo deseas.

## Retos y trucos para ahorrar sin darte cuenta

Los retos hacen que algo aburrido se vuelva divertido, sobre todo si te cansan los métodos tradicionales.

### Retos efectivos (recordatorio)

- **Reto 52 semanas:** 1 € la primera semana, 2 € la segunda... así hasta añadir 52 € la última. Total: 1.378 €. Si te parece mucho al final, hazlo al revés o aleatorio con papelitos.

- **Reto billetes «X»:** Cada vez que te devuelvan un billete de 5 €, directo a la hucha. Por sorprendente que parezca, es un método eficaz.

- **Reto día de pago:** Si cobras el día 28, transfieres 28 €. El mes siguiente, 29 €. Si cobras el 1, empiezas con 1 €.

- **Reto sin gastar:** Cada mes elige una categoría: sin ropa, sin comida a domicilio, sin taxis... Lo que habrías gastado, a los ahorros.

- **Reto céntimo positivo:** Si tu saldo acaba en 1-9, transfiere esa cantidad en euros. Si acaba en 0, nada ese día. Te pongo un ejemplo: todas las mañanas, al tomarte el café, miras tu cuenta bancaria; si tu saldo total (incluidos los céntimos) acaba en un número comprendido del 1 al 9, por ejemplo, en 8, transfieres 8 € a tu cuenta de ahorro. Si por el contrario acaba en 0, ese día no transfieres nada.

## Trucos sin esfuerzo

- **Doble satisfacción:** Te resistes a una compra impulsiva → transfiere la mitad a los ahorros. Satisfacción de autocontrol + ver crecer ahorros.

- **Hora de trabajo:** Antes de comprar algo, calcula cuántas horas de trabajo necesitas para pagarlo. ¿Merece la pena?

- **Dinero encontrado:** Cualquier ingreso inesperado (devoluciones, regalos, monedas encontradas) directo a ahorros.

- **Sueldo fantasma:** Si cobras el 28, planifica como si cobraras el 1. Esos días extra te dan colchón.

- **Redondeo artificial:** Mentalmente, redondea al alza todos los gastos. Alquiler 650€ → piensa 700 €. A final de mes, la diferencia a los ahorros.

Estos retos transforman el ahorro de una obligación aburrida a un juego con reglas claras y recompensas visibles.

*Recuerda: El ahorro no va de ingresos, va de hábitos, sistemas y mentalidad. Cualquiera, gane lo que gane, puede empezar a construir un colchón financiero con las estrategias adecuadas a su situación.*

No se trata de privarte de todo, sino de crear un sistema que te permita construir un futuro financiero sólido mientras sigues disfrutando del presente.

**EJERCICIO. EL ARTE DE AHORRAR CON POCO**

Este ejercicio te va a ayudar a encontrar dinero «oculto» y a crear un hábito de ahorro realista, aunque sientas que no te sobra nada.

## Parte A. Cazador de microgastos

1.  Revisa los gastos de los últimos 7 días y anota todos los gastos menores de 10 €.

| Día | Gasto | Cantidad | ¿De verdad era necesario? |
|---|---|---|---|
| Lunes | | € | Sí / No |
| Martes | | € | Sí / No |
| Miércoles | | € | Sí / No |
| Jueves | | € | Sí / No |
| Viernes | | € | Sí / No |
| Sábado | | € | Sí / No |
| Domingo | | € | Sí / No |

**TOTAL DE MICROGASTOS EVITABLES:** _____ €

## Parte B. Método de los céntimos

2. Elije tu método de microahorro:

☐ Redondear compras: Cada pago, redondeo al euro siguiente.

☐ Regla del café: Cada vez que no compro café fuera de casa = 3 € al ahorro.

☐ Desafío de la moneda: Guardar todas las monedas de 1 € y 2 €.

☐ Día sin gastos: Un día a la semana sin gastar nada extra.

☐ Otro: _____

_____

_____

_____

_____

_____

_____

3. ¿Cuánto podrías ahorrar a la semana con el método que has elegido?

_____ € × 4 semanas = _____ € al mes.

## Parte C. Estrategia antiexcusas

4. Identifica tus excusas típicas y pon las soluciones que creas:

| Mi excusa | Solución realista |
|---|---|
| «Es muy poco dinero». | |
| «Se me olvida». | |
| «Lo necesito para gastos». | |
| «Total, ¿para qué?». | |

5. ¿Dónde «esconderás» tu ahorro para no tocarlo?

☐ Cuenta de ahorro separada.

☐ Aplicación de ahorro automático.

☐ Hucha digital en el banco.

☐ Transferencia automática semanal.

☐ Método físico (sobre/hucha).

## Parte D. El desafío de 30 días

6. Tu meta para el próximo mes:

   Voy a ahorrar _____ € usando el método: _____

   _____

7. ¿Qué harás con los primeros 50 € que ahorres?

   ☐ Seguir acumulando.

   ☐ Celebrar con algo pequeño (para motivarme).

   ☐ Usarlo para una emergencia que surja.

   ☐ Transferirlo a un ahorro más grande.

8. Completa: Quiero ahorrar porque _____

   _____

   _____

   _____

   _____

   _____

9. ¿Cuánto crees que habrás conseguido ahorrar en 6 meses si sigues tu plan? _____ €

**Regla de oro:** Empieza MUY pequeño. Es mejor ahorrar 10 € al mes de forma constante que intentar ahorrar 100 € y rendirte al cuarto de hora.

# CAPÍTULO 7

# PEQUEÑOS TRUCOS PARA VIVIR MEJOR SIN GASTAR MÁS

## Vida *low-cost* sin parecer que vives en la miseria

Hay una gran diferencia entre ser inteligente con el dinero y que parezca que no tienes ni un duro. El objetivo no es vivir como un monje o renunciar a todo lo que te gusta, sino optimizar cómo lo gastas para tener más valor por cada euro.

## La mentalidad *low-cost* inteligente

Vivir *low-cost* no significa ser un agarrado o comprarlo todo de la peor calidad posible. Se trata de ser estratégico: gastar menos en cosas que no te importan mucho para poder gastar más en las que de verdad te aportan valor.

Por ejemplo, puedes comprar ropa básica en tiendas económicas, pero invertir en unas buenas botas que te duren años. O comer en casa la mayoría de los días, pero permitirte una cena especial en un restaurante que te guste una vez al mes.

## Trucos para parecer que gastas más de lo que gastas en realidad

1. **Invierte en básicos de calidad en colores neutros:** Una cami-

sa blanca bien cortada, unos pantalones negros de calidad y unos zapatos cuidados pueden combinarse de mil formas diferentes y dar una impresión más cara de lo que costaron.

2. **Cuida lo que tienes:** Un coche de 10 años limpio y bien mantenido puede verse mejor que uno de 3 años descuidado. Lo mismo aplica para ropa, zapatos, muebles, etc. El mantenimiento es gratis y añade valor percibido.

3. **Aprende a planchar y combinar:** Ropa económica pero bien planchada y combinada puede verse sorprendentemente bien. Dedica veinte minutos los domingos a planificar tus *outfits* de la semana.

4. **Domina el arte de la mesa:** Saber presentar una comida casera de forma atractiva puede hacer que una cena de 8 € parezca de restaurante. Platos bonitos, servilletas de tela, velas... Los detalles marcan la diferencia.

5. **Aprovecha los espacios públicos de calidad:** En lugar de pagar por un café caro para trabajar, busca una biblioteca con buen wifi. En lugar de pagar un gimnasio caro, usa parques públicos para hacer ejercicio.

## Estrategias para mantener un estilo de vida digno gastando poco

- **Invierte tiempo en lugar de dinero:** Cocinar en casa en lugar de pedir comida a domicilio, planificar viajes con anticipación para conseguir mejores precios, reparar cosas en lugar de reemplazarlas.

- **Usa la regla del «coste por uso»:** Antes de comprar algo, calcula cuánto te va a costar cada vez que lo uses. Unos zapatos de 200 € que usarás 200 veces cuestan 1 € por uso. Unos de 50 € que usarás 10 veces, cuestan 5€ por uso. Los primeros son la compra más inteligente.

- **Crea rituales especiales con cosas baratas:** Un té especial los domingos por la tarde, una caminata semanal por un lugar bonito, una película en casa con palomitas caseras... Estos momentos pueden ser tan memorables como las actividades más caras.

- **Aprovecha lo gratuito de calidad:** Museos con entrada libre ciertos días, conciertos gratis en parques, festivales locales, rutas de senderismo, playas públicas... Muchas cuidades ofrecen entretenimiento gratuito de alta calidad.

La clave está en ser selectivo, no restrictivo. Elige de manera consciente dónde quieres gastar y dónde puedes ahorrar, pero hazlo desde una posición de control, no de escasez.

## Minimalismo financiero: menos cosas, más libertad

El minimalismo no es solo una tendencia estética, es una filosofía poderosa que puede transformar completamente tus finanzas. No se trata de vivir sin nada, sino de rodearte solo de cosas que de verdad añaden valor a tu vida.

## ¿Qué es el minimalismo financiero?

Es reducir de manera consciente tus posesiones y gastos para centrarte en lo que de verdad importa. Cada objeto que tengas y cada suscripción que pagas tiene un coste no solo inicial, sino también de mantenimiento, espacio y atención mental.

## Los costes ocultos de tener demasiadas cosas

- **Coste de almacenamiento:** Casas más grandes, trasteros, armarios adicionales...
- **Coste de mantenimiento:** Limpieza, reemplazo de piezas y reparaciones, seguros...
- **Coste de oportunidad:** Dinero que podrías haber invertido o usado para experiencias...
- **Coste mental:** Tiempo dedicado a organizar, buscar, decidir qué ponerte...
- **Coste de obsolescencia:** Cosas que se vuelven inútiles o pasan de moda...

## ¿Cómo implementar el minimalismo financiero?

1. **Audita tus posesiones actuales:** Revisa cada habitación y pregúntate: «¿Cuándo fue la última vez que usé esto? ¿Me haría falta si desapareciera mañana? ¿Me aporta alegría o utilidad real?».
2. **Aplica la regla del «las gallinas que entran por las que salen»:** Por cada cosa nueva que compres, deshazte de una similar que ya tengas. Esto evita que vayas acumulando cosas.

3. **Espera de 48 horas:** Antes de comprar clgo no esencial, espérate 48 horas. Si después de ese tiempo sigues pensando que lo necesitas, adelante.

4. **Calcula el «coste por hora trabajada»:** Antes de comprar algo, calcula cuántas horas necesitas trabajar para pagarlo (precio/salario por hora después de impuestos). ¿De verdad vale esas horas de tu vida?

5. **Prioriza experiencias sobre objetos:** Los estudios muestran que las experiencias proporcionan felicidad más duradera que los objetos materiales.

## Beneficios financieros del minimalismo

- **Gastos menores:** Compras menos porque necesitas menos.
- **Espacios más pequeños:** Puedes vivir cómodamente en casas más baratas.
- **Menos mantenimiento:** Menos cosas que limpiar, reparar o asegurar.
- **Mayor liquidez:** Puedes vender lo que no necesitas.
- **Decisiones más rápidas:** Menos opciones simplifican las decisiones diarias.

## Minimalismo por categorías

- **Ropa:** Crea un «armario cápsula» con 30-40 prendas de calidad que combinen entre sí. Necesitarás menos espacio y siempre tendrás algo que ponerte que se vea bien.
- **Tecnología:** ¿De verdad necesitas la tablet, el portátil, el móvil

y el e-reader? Muchas veces un buen *smartphone* y un portátil pueden cubrir todas tus necesidades.

- **Cocina:** En lugar de quince cacharros específicos, invierte en cinco o seis herramientas de calidad que sean versátiles.
- **Entretenimiento:** En lugar de acumular libros o videojuegos, considera bibliotecas, *streaming* y servicios de intercambio.

## La economía colaborativa: intercambios, préstamos y recursos compartidos

Vivimos una época en la que acceder de manera temporal a algo puede ser más inteligente que tenerlo de forma permanente. La economía colaborativa nos permite disfrutar de bienes y servicios sin asumir todos los costes de propiedad.

### Plataformas y servicios útiles

- Para transporte:
  - o **BlaBlaCar:** Compartir gastos de viajes largos.
  - o *Car sharing* **urbano:** Zity, Car2to para trayectos cortos sin tener coche.
  - o **Patinetes y bicis compartidos:** Para distancias medias en ciudad.
- Para alojamiento:
  - o **Airbnb:** Alquilar habitaciones o casas completas.
  - o **Intercambio de casas:** Plataformas como HomeExchange para intercambiar tu casa por otra en vacaciones.

- o **Couchsurfing:** Alojamiento gratuito en casa de locales.
- Para objetos y herramientas:
  - o **Wallapop:** Compra-venta de segunda mano.
  - o **Plataformas de alquiler entre particulares:** Herramientas, equipos deportivos, instrumentos musicales...
  - o **Bibliotecas de objetos:** Algunas ciudades tienen espacios donde puedes pedir prestados aparatos electrónicos, herramientas, etc.

## Ejemplos prácticos de ahorro

- **Herramientas de bricolaje:** En lugar de comprar un taladro por 80 € que usarás tres veces al año, alquílalo por 15 € cada vez que lo necesites.
- **Equipos deportivos estacionales:** Esquís, tablas de surf, equipos de camping... Muchas veces es más barato alquilar que comprar y almacenar.
- **Instrumentos musicales:** Para niños que están empezando, alquilar un violín por 20 €/mes es más sensato que comprarlo por 300 € y que abandonen seis meses después.
- **Vehículos especiales:** ¿Necesitas una furgoneta para mudarte una vez cada 3 años? Alquílala por 50 € al día en vez de comprarte una.
- **Ropa para eventos especiales:** Plataformas que alquilan vestidos de fiesta, trajes de etiqueta, etc.

## Replantear tu relación con el consumo y la publicidad

La publicidad moderna no vende productos, vende emociones, aspiraciones e identidades. Entender sus trucos te ayuda a tomar decisiones más conscientes.

1. **Crear necesidades artificiales:** Te hace sentir que tienes un problema que no sabías que tenías y, por lo que sea, ellos tienen la solución.

2. **Asociar productos con identidad:** «Eres el tipo de persona que usa X marca» vincula compras con autoimagen.

3. **FOMO (*Fear of Missing Out*):** Ultimátums como «Oferta limitada», «últimas unidades» o «solo hoy» crean sensación de urgencia artificial.

4. **Comparación social:** Usar *influencers* para que sientas que necesitas cierto nivel de consumo para «encajar».

5. **Facilitar el gasto:** Frases como «Solo 3 € al día», «0 % de interés», «compra ahora, paga después» minimizan la percepción del coste real.

## Estrategias para resistir

1. **Reconoce los trucos:** Una vez que sabes cómo funcionan, es más fácil resistirse a ellos. Cuando veas un anuncio, pregúntate: «¿Qué técnica están usando para persuadirme?».

2. **Haz listas de compras específicas:** Sobre todo para supermercados y centro comerciales. Compra solo lo que está en la lista.

3. **Evita el «solo estaba mirando»:** Navegar por tiendas online o físicas «por ver qué hay» es una invitación a las compras compulsivas.

4. **Calcula costes en «horas de trabajo»:** Antes de comprar algo, calcula cuantas horas necesitas trabajar para pagarlo. ¿De verdad vale esas horas de tu vida?

5. **Cuestiona a *influencers* y anuncios:** Recuerda que los *influencers* cobran por promocionar productos. Puede que su estilo de vida no sea tan auténtico como parece.

## Reprogramar tu relación con el consumo

- **Cambia «quiero» por «necesito»:** Cuando tengas ganas de comprar algo, pregúntate: «¿Lo quiero o lo necesito?». Si lo quieres, analiza por qué lo quieres.

- **Practica la gratitud por lo que ya tienes:** Dedica tiempo de manera regular a apreciar tus posesiones actuales en lugar de centrarte en lo que te falta.

- **Redefine «tratarte bien»:** En vez de compras, replantéate experiencias, tiempo libre o actividades que te nutran de verdad.

- **Encuentra fuentes de satisfacción no consumistas:** Pasatiempos creativos, ejercicio, tiempo en la naturaleza, relaciones sociales... Hay muchas formas de sentirse bien que no necesitan que compres algo.

- **Crea rituales de pausa:** Antes de cualquier compra no planificada, respira hondo tres veces y pregúntate: «¿Por qué quiero esto ahora? ¿Cómo me sentiré mañana si lo compro? ¿Y si no lo compro?».

## Segunda mano y restauración: ahorrar siendo sostenible

Comprar de segunda mano no es solo una forma inteligente de ahorrar dinero, también es una manera de reducir tu impacto ambiental y conseguir productos de calidad.

## ¿Qué vale la pena comprar de segunda mano?

- Muy buenas opciones:
  - o **Libros:** Sobre todo técnicos y de referencia.
  - o **Muebles sólidos:** Madera maciza, metal... pueden durar décadas.
  - o **Herramientas de calidad:** Marcas *premium* duraderas.
  - o **Instrumentos musicales:** Mantienen su valor y funcionalidad.
  - o **Ropa de calidad:** Sobre todo abrigos, chaquetas ...
  - o **Artículos deportivos:** Bicicletas, equipos de gimnasia...
- Cosas que es mejor evitar en segunda mano:
  - o **Electrodomésticos sin garantía:** Sobre todo si no puedes probarlos.
  - o **Colchones y almohadas:** Por higiene y durabilidad.
  - o **Zapatos:** Se moldean al pie del antiguo usuario.
  - o **Productos de seguridad:** Cascos, sillas de bebé... la integridad es crucial.

## Cómo comprar segunda mano de forma inteligente

1. **Primero investiga el precios del producto nuevo:** Para saber si de verdad estás consiguiendo una ganga.
2. **Inspecciona con cuidado:** Fotos detalladas online, inspección física en persona...
3. **Pregunta por el historial:** ¿Por qué lo venden? ¿Cuánto tiempo lo han tenido?
4. **Negocia con respeto:** Sobre todo en artículos caros o si compras varios.
5. **Verifica si funciona:** Sobre todo en el caso de electrónicos, prueba todas las funciones.

## Trucos para estirar el sueldo

Si los ingresos son fijos pero los gastos parecen infinitos, necesitas estrategias específicas para que cada euro se estire más.

## Optimización de gastos fijos

1. **Revisa y negocia tus contratos anuales:** Seguros, móviles, internet, alarmas... Muchas empresas ofrecen descuentos para retener a los clientes, pero tienes que pedirlos.
2. **Agrupa servicios:** Muchas veces es más barato tener móvil + internet + TV con la misma empresa que por separado.
3. **Usa el método «contraoferta»:** Cuando llames para cancelar un servicio, di que has encontrado una oferta mejor en la competencia. Muchas veces te harán una contraoferta.

4. **Automatiza para obtener descuentos:** Domiciliaciones bancarias, pagos anuales en lugar de mensuales, etc. Suelen tener descuentos.

## Alimentación inteligente

1. **Planifica menús semanales:** Antes de ir a comprar, planifica qué vas a comer cada día. Esto reduce compras impulsivas y desperdicios.
2. **Compra en formato grande y divide:** Sobre todo en el caso de productos no perecederos y congelables.
3. **Aprovecha las ofertas estacionales:** Compra frutas y verduras de temporada, aprovecha promociones de productos que puedas congelar.
4. **Usa aplicaciones de descuentos:** Para comida a punto de caducar, aplicaciones de cupones de supermercados...
5. **Cocina por lotes:** Dedica un día a preparar comidas para toda la semana. Ahorras tiempo y dinero.

## Cómo viajar barato sin dejar de disfrutar

Viajar puede ser una de las experiencias más enriquecedoras del mundo, pero también una de las más caras si no lo planificas bien.

Con estrategia y flexibilidad, puedes viajar mucho más con tu presupuesto actual.

## Planificación estratégica

1. **Flexibilidad en fechas:** Los precios pueden variar muchísimo según la fecha. Usa herramientas como Google Flights o Skyscanner, que te muestran precios en un rango amplio de fechas.

2. **Destinos alternativos:** En lugar de ir a Roma, considera Nápoles. En lugar de París, quizá Lyon. Cuidades cercanas a destinos populares suelen ser mucho más baratas.

3. **Temporada media y baja:** Viajar fuera de temporada alta significa precios más bajos, menos mutitudes y, a menudo, mejor experiencia.

4. **Reserva con anticipación o *last-minute*:** Para vuelos, seis u ocho semanas antes suele ser óptimo. Para internacional, dos o tres meses.

## Transporte inteligente

1. **Compara todos los medios:** Avión, tren, bus, coche compartido... Para distancias medias, el tren o el bus pueden ser más baratos que volar.

2. **Aeropuertos alternativos:** Volar a aeropuertos secundarios suele ser más barato, aunque tengas que hacer un traslado extra.

3. **Escalas estratégicas:** Los vuelos con escalas son más baratos que directos. Si no tienes prisa, puede valer la pena.

## Alojamiento creativo

1. **Los hostales no son solo para jóvenes:** Muchos tienen habitaciones privadas a precios muy competitivos.

2. **Airbnb fuera del centro:** A menudo más barato que hoteles y tienes cocina para ahorrar en comidas.

3. **Alojamiento universitario:** Durante vacaciones, muchas universidades permiten que te quedes gratis en casas de otros viajeros.

## Alimentación y entretenimiento

1. **Mercados locales:** Más baratos que restaurantes, más auténticos y, a menudo, una experiencia cultural.

2. **Cocina cuando puedas:** Los alojamientos con cocina te permiten hacer al menos desayuno y algunas cenas en casa en lugar de tener que hacerlas fuera.

3. **Menús del día:** En lugar de cenar en restaurantes turísticos, busca menús del día en lugares a los que va la gente que vive allí.

4. *Free-tours*: Muchas cuidades ofrecen tours gratuitos (funciona con propinas). Una forma estupenda de orientarte y conocer la historia.

5. **Actividades naturales:** Senderismo, playas públicas, parques... A menudo lo más bonito es gratis.

## Presupuesto de viaje realista

- Para un viaje de una semana a Europa (desde España):

- ○ **Versión económica:** 300-500 € (hostales, transporte público, comida de mercado).
- ○ **Versión media:** 600-900 € (hotel 3 estrellas, algunos restaurantes, algunas actividades pagadas).
- ○ **Versión cómoda:** 1.000-1.500 € (hotel 4 estrellas, restaurantes, tours y actividades).

El objetivo no es viajar de forma miserable para ahorrar dinero, sino ser inteligente para conseguir las mejores experiencias con tu presupuesto. Viajar con presupuesto limitado muchas veces te lleva a experiencias más auténticas: comes donde come la gente de allí, te alojas en barrios reales, usas transporte público... De este modo, acabas conociendo el destino de forma más verdadera.

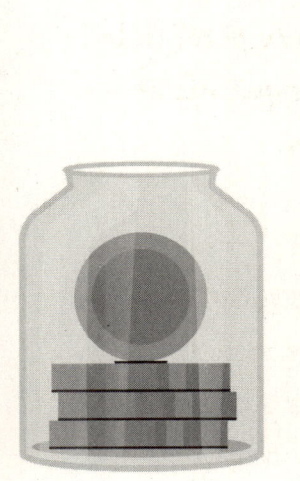

# CAPÍTULO 8
# INVERTIR PARA *DUMMIES* (O CÓMO HACER QUE TU DINERO TRABAJE PARA TI)

## Qué es invertir (y por qué no es solo para la gente que está forrada)

Cuando oyes la palabra «inversión», seguro que piensas en tipos trajeados gritando en Wall Street o millonarios comprando acciones desde sus yates. Pues va siendo hora de quitarte esa idea de la cabeza.

*Invertir no es más que poner tu dinero a trabajar para que genere más dinero mientras tú haces otras cosas. En vez de que se quede ahí parado perdiendo valor por la inflación, lo pones en cosas que históricamente han crecido por encima de ella.*

## ¿Por qué necesitas invertir si ya ahorras?

Imagínate que guardas 10.000 € bajo el colchón durante un periodo de 10 años. Pasado este tiempo, seguirás teniendo los 10.000 €, pero por la inflación ese dinero tendrá un poder de compra de unos 8.200 € de hoy. Has perdido dinero por ser «conservador».

Ahora imagínate que esos mismos 10.000 € los inviertes en un fondo que sigue el índice bursátil mundial, con un crecimiento medio del 7 % anual. Después de 10 años, tendrías unos 19.670 €. Incluso descontando la inflación, habrías ganado dinero real.

## ¿Cuánto dinero necesitas para empezar?

Te traigo buenas noticias: muchos productos te permiten empezar con cantidades ridículamente pequeñas. Hay fondos en los que puedes invertir desde 25 € al mes, roboadvisors que empiezan con 100 €, e incluso aplicaciones que invierten de manera automática la calderilla del banco.

Quítate de la cabeza que necesitas ser rico para invertir. Inviertes para llegar a serlo (o al menos para mantenerte y hacer que crezca tu patrimonio).

## ¿Es arriesgado invertir?

Sí, rotundamente. Toda inversión tiene riesgo. Pero aquí viene lo importante: no invertir también tiene riesgos. Tu dinero pierde valor con el tiempo y solo ahorrando no tendrás suficiente para la jubilación ni para alcanzar tus objetivos.

El secreto está en entender qué riesgos puedes asumir y en qué plazo, y elegir inversiones acordes. No se trata de apostar en el casino, sino de asumir riesgos calculados con horizontes temporales adecuados.

## Inversiones fáciles para principiantes

Si eres principiante, no necesitas empezar analizando empresas individuales o haciendo *trading* complejo. Hay productos diseñados para que personas sin conocimientos técnicos puedan invertir de forma inteligente.

## Fondos indexados: El «piloto automático»

Te lo explico como si fueras un crío:

Imagínate que las empresas son caramelos de diferentes sabores. Hay caramelos de fresa (Apple), de limón (Microsoft), de chocolate (Amazon)...

Un índice bursátil es como una bolsa gigante con muchos caramelos mezclados. La bolsa IBEX 35 tiene 35 tipos de caramelos españoles, la S&P 500 tiene 500 caramelos estadounidenses.

Un fondo indexado es como tener una máquina que hace bolsas exactamente iguales a la original. Si mañana añaden caramelos nuevos, la máquina también los añade de manera automática. No intenta ser más lista, tan solo copia, y eso lo hace más barato.

¿Por qué funciona tan bien?

- **Diversificación automática:** Con un solo producto inviertes en cientos de empresas.
- **Costes bajísimos:** No necesitan gestores que cobren comisiones altas.
- **Simplicidad:** No tienes que decidir qué comprar o vender.

- **Historial probado:** A largo plazo, superan a la mayoría de los fondos gestionados.

Con un fondo indexado que replique el MSCI World, inviertes de manera automática en más de 1.600 empresas de países desarrollados. Apple, Microsoft, Amazon, Nestlé... todas incluidas según su tamaño.

## ETF (Exchange Traded Funds): Fondos que se compran como acciones

Los ETF son parecidos a los fondos, pero se compran en bolsa como acciones individuales.

- Ventajas:
  - **Flexibilidad:** Compras y vendes durante el horario del mercado.
  - **Transparencia:** Sabes exactamente qué contienen en tiempo real.
  - **Costes aún menores:** Muchos tienen comisiones inferiores al 0,2 % anual.
  - **Variedad:** Hay ETF para casi cualquier mercado o sector.
- Para principiantes, recomiendo:
  - MSCI World: Diversificación global en países desarrollados.
  - S&P 500: Las 500 empresas más grandes de Estados Unidos.
  - Eurostoxx 600: Las principales empresas europeas.

## Roboadvisors: Tu asesor financiero digital

Son plataformas que crean y gestionan de manera automática una cartera personalizada según tus objetivos, plazo y tolerancia al riesgo.

- ¿Cómo funcionan?
  1. Respondes un cuestionario sobre tu situación financiera.
  2. El algoritmo crea una cartera diversificada (normalmente con ETF).
  3. Hacen el mantenimiento de manera automática.
  4. Tú solo tienes que hacer aportaciones periódicas.
- Ventajas:
  o Sin complicaciones: Todo está automatizado.
  o Profesionalidad: Usan las mismas estrategias que los asesores humanos.
  o Costes bajos: Comisiones típicas entre 0,5 % y 1 % anual.
  o Accesibilidad: Muchos permiten empezar con 100 € o menos.

En España tienes: inbestMe, Finizens, MyInvestor, o los roboadvisors de BBVA o ING.

## ¿Por cuál empezar?

- Principiante total que quiere empezar YA: roboadvisor.
- Tienes curiosidad y quieres entender qué compras: ETF sencillo en tu banco o bróker online.
- Quieres aportaciones automáticas sin pensar: fondo indexado con plan periódico.

## Inversión con impacto: Finanzas éticas

Cada vez más gente me pregunta si puede hacer crecer su dinero y contribuir a un mundo mejor. La respuesta es rotundamente SÍ.

### ¿Qué es la inversión sostenible?

Es invertir en empresas que no solo buscan beneficios, sino que tienen impacto positivo en la sociedad y el medio ambiente. Se basa en criterios ESG:

- Environmental (ambiental): Empresas que cuidan el medio ambiente.
- Social: Prácticas laborales justas y responsabilidad social.
- Governance (gobierno): Estructuras de dirección transparentes y éticas.

### ¿Significa renunciar a la rentabilidad?

Para nada. Múltiples estudios demuestran que las inversiones sostenibles pueden ofrecer rendimientos similares o superiores a largo plazo. Tiene sentido: empresas mejor gestionadas desde el punto de vista ESG suelen ser más resilientes.

### Opciones concretas

- Fondos y ETF ESG: Excluyen empresas controvertidas (tabaco, armas, combustibles fósiles).

- Fondos temáticos: Especializados en energías renovables, agua limpia, tecnologías limpias.
- Bonos verdes: Deuda para financiar proyectos con beneficios ambientales.

**Cómo empezar sin complicarte:** Busca versiones ESG de inversiones tradicionales. En vez del MSCI World tradicional, el MSCI World ESG. Muchos roboadvisors ya ofrecen carteras sostenibles.

## Errores comunes (y cómo evitarlos)

- **Error 1. Invertir dinero que necesitas pronto:**

Nunca inviertas dinero que podrías necesitar en menos de 3-5 años. Los mercados pueden ser muy volátiles a corto plazo.

**Solución:** Mantén tu fondo de emergencia en productos seguros. Solo invierte dinero que puedas «olvidar» durante años.

- **Error 2. Intentar predecir el mercado:**

«Voy a esperar a que bajen los precios» o «voy a vender antes de que baje más». Predecir fluctuaciones a corto plazo es dificilísimo, incluso para profesionales.

**Solución:** Invierte de forma periódica. Compra una cantidad fija todos los meses independientemente de cómo esté el mercado.

- **Error 3. Perseguir modas:**

«Mi cuñado dice que esta cripto va a subir un 10.000%». Perseguir rumores es la forma más rápida de perder dinero.

**Solución:** Mantén una estrategia clara y aburrida. Los inversores exitosos no buscan la próxima Tesla, construyen carteras diversificadas a largo plazo.

- **Error 4. No diversificar:**

Poner todo en una empresa, sector o país es apostar, no invertir.

**Solución:** Usa fondos indexados o ETF que incluyen diversificación automática.

- **Error 5. Dejarse llevar por emociones:**

Cuando suben, todo el mundo quiere comprar más (euforia). Cuando bajan, todo el mundo quiere vender (pánico). Las emociones son el peor consejero.

**Solución:** Automatiza tus inversiones para eliminar decisiones emocionales.

- **Error 6. No entender las comisiones:**

Una comisión del 2% anual se come aproximadamente el 40% de tus beneficios a largo plazo.

**Solución:** Prioriza productos con comisiones bajas y entiende todos los costes.

## Diversificación para principiantes

¿Te suena la frase «no pongas todos los huevos en la misma cesta»? Es el consejo más antiguo sobre inversión, pero muchos no entienden qué significa en la práctica.

## ¿Qué es diversificar?

Reducir el riesgo repartiendo tus inversiones entre diferentes tipos de activos, sectores, países y tamaños de empresa. Si una parte va mal, las otras pueden compensar...

## Tipos de diversificación

- Por tipo de activo:
  - Acciones: Mayor potencial, mayor volatilidad.
  - Bonos: Menor crecimiento, mayor estabilidad.
  - REIT: Sector inmobiliario sin comprar propiedades físicas.
  - Materias primas: Protección contra la inflación.
- Por geografía:
  - No inviertas solo en tu país.
  - Mercados desarrollados: Estabilidad.
  - Mercados emergentes: Mayor potencial, más riesgo.
- Por sectores:
  - No concentres todo en tecnología, banca u otro sector.
  - Tecnología, sanidad, servicios financieros, industria, energía...
- Por tamaño:
  - Large Cap: Empresas grandes y estables (Apple, Microsoft).
  - Mid Cap: Empresas medianas, equilibrio.
  - Small Cap: Empresas pequeñas; mayor potencial, pero más volátiles.

## Ejemplo de cartera diversificada

- Con 10.000 € para largo plazo:

  o 40 % ETF mercados desarrollados globales (MSCI World).

  o 20 % ETF mercados emergentes.

  o 30 % ETF bonos globales.

  o 10 % ETF bienes raíces (REIT).

¡Con solo 4 ETF tienes exposición a miles de empresas en decenas de países!

## Criptos, NFT y otras modas: ¿Sí o no?

## Criptomonedas

No son solo «dinero de internet». Son tecnologías que proponen nuevas formas de intercambiar valor.

- ¿Tienen sentido como inversión?

  o Potencial de crecimiento.

  o Diversificación.

  o Cobertura contra inflación.

- Pero también...

  o Extremadamente volátiles.

  o Sin fundamentales claros.

  o Regulación incierta.

  o Riesgo tecnológico.

Mi recomendación es que, si te interesan, no pongas más del 5-10 % de tu cartera total y solo dinero que puedas permitirte perder del todo.

## NFT

El 99 % son pura especulación sin valor fundamental. Un mercado dominado por psicología de masas y FOMO.

Pueden tener futuro como tecnología para certificar propiedad digital, pero como inversión especulativa es extremadamente arriesgado.

## Otras modas a evitar

- *Meme Stocks:* Acciones que suben por viralidad, no por fundamentales.
- *Forex trading:* Dominado por algoritmos institucionales.
- **Opciones complejas:** Si no tienes conocimientos profundos, estás apostando.
- *Yield farming:* Rentabilidades altísimas que suelen colapsar.

## ¿Cómo distinguir inversión de especulación?

Pregúntate:

- ¿Entiendo en realidad en qué invierto?
- ¿Tiene fundamentales sólidos o solo sube por *hype*?
- ¿Podría explicárselo a mi abuela?
- ¿Invierto por FOMO o por análisis razonado?
- ¿Puedo permitirme perder el 100 %?

Mi filosofía es que tengas el 80-90 % de tu cartera en inversiones «aburridas» y probadas. El 10-20 % restante puede ser tu «dinero de juego» para explorar, siempre sabiendo que podrías perderlo todo.

## La paciencia es la clave

Vivimos en un mundo de entregas en 24 horas y respuestas inmediatas. Esta mentalidad se traslada de manera errónea a las inversiones, donde la gente espera resultados espectaculares en semanas.

*La verdad es que crear riqueza es un proceso lento, a veces aburrido, que requiere años o décadas.*

Warren Buffett dice: «Mi color favorito es... mantener». No se hizo rico con *trading* agresivo, sino manteniendo buenas inversiones durante décadas.

## ¿Por qué funciona la paciencia?

- **El interés compuesto necesita tiempo:** Los primeros años son pequeños, pero después de 10-15 años, se acelera de manera exponencial.

- **Reduces volatilidad:** Los mercados pueden ser salvajes a corto plazo, pero históricamente suben a largo plazo.

- **Evitas errores emocionales:** No vendas en pánico ni compres en euforia.

- **Reduces costes:** Menos transacciones = menos comisiones y mejor tratamiento fiscal.

## Ejemplo real del poder de la paciencia

Si hubieras invertido 10.000 € en el S&P 500 en enero de 2000 y los hubieras mantenido hasta enero de 2020:

- Habrías pasado por la crisis .com (2000-2002).
- La crisis financiera (2008-2009).
- Múltiples correcciones menores.
- Pero habrías terminado con unos 19.000 €.

Habrías conseguido casi duplicar tu dinero en 20 años, a pesar de vivir dos de las peores crisis de la historia moderna.

## ¿Cómo desarrollar mentalidad de paciencia?

1. **Define objetivos a largo plazo:** En vez de «ganar dinero rápido», piensa «tener X euros para la jubilación».
2. **Automatiza todo:** Transferencias, reinversión, rebalanceo... Cuantas menos decisiones deliberadas tomes, mejor.
3. **No mires tu cartera de manera constante:** Revísala de manera trimestral o mensual como mucho.
4. **Edúcate sobre historia:** Entiende que las crisis son normales y temporales.
5. **Celebra pequeñas victorias:** Primeros 1.000 € invertidos, primer año de aportaciones constantes...

## ¿Qué hacer durante las crisis?

Las crisis van a llegar, y cómo reacciones a ellas va a definir tu éxito:

- **No vendas por pánico:** Históricamente, quien mantiene posiciones durante crisis es recompensado.
- **Considera aumentar aportaciones:** precios bajos = oportunidades.
- **Mantén la perspectiva:** Todas las crisis anteriores se han superado.

## El secreto de los verdaderamente ricos

La mayoría de los millonarios no llegaron a serlo con inversiones espectaculares o negocios revolucionarios. Lo consiguieron ahorrando de manera constante, invirtiendo de forma sensata y manteniendo esas inversiones durante décadas.

Es menos emocionante que las historias de criptos que subieron un 1.000 % o *startups* que se vendieron por millones, pero es muchísimo más confiable y accesible.

Tu objetivo no debería ser encontrar la próxima Bitcoin, debería ser construir un sistema de inversión que funcione para ti a largo plazo.

La riqueza no se crea de la noche a la mañana, sino que se construye ladrillo a ladrillo, año tras año, con paciencia y disciplina. Esa es tu ventaja sobre quienes buscan atajos: el tiempo y la constancia.

**EJERCICIO. TU PRIMERA APROXIMACIÓN A LAS INVERSIONES**

Este ejercicio te va a ayudar a entender si estás preparado para invertir y cuál sería tu primer paso más inteligente.

## Parte A. Test de preparación

1. ¿Cumples los requisitos básicos?

☐ Tengo un fondo de emergencia (3-6 meses de gastos).

☐ Mis deudas de tarjetas están controladas/pagadas.

☐ Tengo ingresos estables.

☐ Puedo permitirme «perder» ese dinero sin que afecte a mi vida.

2. ¿Cuánto dinero podrías destinar a una inversión SIN tocarlos por lo menos 2 años?

☐ Menos de 100 €

☐ 100 € - 500 €

☐ 500 € - 2.000 €

☐ Más de 2.000 €

## Parte B. Perfil de riesgo

3.  Escenarios reales. ¿Cómo reaccionarías?

    ESCENARIO A. Inviertes 500 € y en un mes vale 400 €

    ☐ Entro en pánico y vendo de inmediato.

    ☐ Me preocupo, pero no hago nada.

    ☐ Lo veo como una oportunidad para comprar más.

    ☐ Ni lo miro, sé que es normal.

    ESCENARIO B. Tu inversión sube un 30 % en 2 meses

    ☐ Vendo rápido para asegurar ganancias.

    ☐ Vendo una parte, dejo otra.

    ☐ No toco nada, mis planes son a largo plazo.

    ☐ Invierto más dinero.

4.  Tu horizonte temporal realista:

    ☐ 1 - 2 años (necesitaré el dinero pronto).

    ☐ 3 - 5 años (objetivos a medio plazo).

    ☐ 5 - 10 años (planifico a largo plazo).

    ☐ Más de 10 años (es para mi jubilación).

## Parte C. Estrategia de entrada

5.  Según tus respuestas, ¿cuál sería tu mejor primera inversión?

    ☐ Fondos indexados (diversificación automática).

    ☐ ETF de mercados amplios.

☐ Depósitos a plazo (ultraconservador).

☐ Criptomonedas (¡SOLO si sobra el dinero!).

☐ Todavía no estoy listo, necesito tener más base.

6. Tu plan de inversión inicial:

- Cantidad inicial: _____ €

- Aportación mensual: _____ €

- Plataforma elegida: _____ €

- Fecha objetivo para empezar: _____ €


## Parte D. Educación financiera

7. ¿Qué necesitas aprender ANTES de invertir?

☐ Qué son los fondos indexados.

☐ Cómo funcionan los ETF.

☐ Diferencias entre bróker y banco.

☐ Cómo funciona la fiscalidad.

☐ Estrategias de diversificación.

8. Tu compromiso de aprendizaje:

Esta semana voy a investigar sobre: _____

_____

_____

_____

_____

_____

_____

## Parte E. Plan de acción

9. Si ya estás listo para invertir, ¿qué necesitas conseguir primero?

   - Paso 1: _____
   _____
   _____
   _____

   - Paso 2: _____
   _____
   _____
   _____

   - Paso 3: _____
   _____
   _____
   _____

10. SI NO estás listo, ¿qué necesitas conseguir en primer lugar?

   ☐ Terminar de pagar deudas.

   ☐ Crear un fondo de emergencias.

   ☐ Estabilizar ingresos.

   ☐ Aprender más sobre inversiones.

> **Advertencia:** Nunca inviertas dinero que vayas a necesitar en los próximos 2 años o que no puedas permitirte perder. Las inversiones siempre tienen un riesgo.

*Recuerda: Empezar pequeño y aprender siempre es mejor que no empezar nunca, pero empezar sin preparación es peor que esperar un poco más.*

CAPÍTULO 9

# CRISIS Y PLAN B: CUANDO TODO SE TAMBALEA

Nadie espera que le toque. Nadie planifica para las crisis. Pero ahí están, llamando a tu puerta un lunes por la mañana: un despido que no esperabas, una enfermedad que te deja sin poder trabajar, una crisis económica que cambia las reglas de la noche a la mañana.

Te das cuenta de que tener un fondo de emergencia está genial, pero ¿y si la emergencia dura más de lo previsto? ¿Y si no es solo falta de dinero, sino que todo tu mundo financiero se tambalea?

Este capítulo no es para asustarte. Es para prepararte. Porque la diferencia entre las personas que salen adelante en las crisis y las que se hunden no está en la suerte, sino en la preparación.

## La anatomía de una crisis financiera personal

- No todas las crisis son iguales:
  - **Crisis de ingresos:** Pierdes tu trabajo, te reducen las horas o tu negocio se va a pique.

o **Crisis de gastos:** Aparece un gasto brutal que no esperabas (médico, legal, familiar).

o **Crisis mixta:** Se juntan varias cosas a la vez (como pasó en la pandemia).

o **Crisis sistemática:** Cuando el problema no eres tú, es todo el sistema económico.

- Todas las crisis tienen tres fases:

  o **Fase 1. El *shock* (primeras 72 horas):** Tu cerebro aún no ha procesado lo que está pasando, es normal que te sientas paralizado.

  o **Fase 2. La realidad (primera semana):** Empiezas a dimensionar el problema real y sientes pánico.

  o **Fase 3. La acción:** O empiezas a moverte o te hundes. Aquí es donde se decide todo.

## Tu red de seguridad financiera (más allá del fondo de emergencia)

El fondo de emergencia no es suficiente. Ya sabes que necesitas tener guardado el dinero suficiente para cubrir entre 3-6 meses de gastos, pero ¿qué pasa si la crisis dura un año? ¿2 años? Tu plan B necesita más capas:

1. **La primera es la liquidez inmediata:** Dinero en efectivo para una semana, algo de colchón en la cuenta corriente, acceso rápido a pequeñas cantidades.

2. **La segunda es tu fondo de emergencia clásico:** Esos 3-6 me-

ses de gastos básicos en una cuenta de ahorro de fácil acceso, solo para emergencias de verdad.

3. **La tercera son los recursos convertibles:** Inversiones que puedes vender rápido, aunque no sea el momento ideal, cosas de valor que puedas empeñar o vender, cuentas de ahorro a plazo que puedes romper si hace falta.

4. **La cuarta es tu red de apoyo:** Familiares que te pueden echar una mano, amigos con los que puedes hacer trueques, comunidad que te puede dar soporte.

5. **La quinta son tus habilidades de supervivencia financiera:** Capacidad para generar ingresos rápido, conocimiento para reducir gastos drásticamente, mentalidad para reinventarte.

## Como reorganizar tu economía cuando todo se va al traste

Cuando llega la crisis, tienes que actuar rápido. El método de los tres cortes te va a ayudar a priorizar:

1. **Primer corte:** Lo prescindible. Cancela todo lo que no sea absolutamente esencial: *Streaming*, gimnasio, suscripciones, comidas fuera, caprichos... Sin piedad. Si no lo necesitas para sobrevivir, fuera.

2. **Segundo corte:** Lo negociable. Llama a todas las empresas con las que tienes contratos: móvil, internet, seguros, hipoteca... Muchas tienen programas para situaciones de crisis. Te sorprenderá lo que puedes conseguir si explicas tu situación.

3. **Tercer corte:** Lo estratégico. Si la cosa sigue mal, toca tomar decisiones más duras: cambiar de casa, vender el coche, mudarte con familiares... Duele, pero es temporal.

También funciona la regla del 50/50 en crisis: cuando tus ingresos se reducen de manera drástica, dedica el 50 % de tu energía a reducir gastos al mínimo y el otro 50 % a generar nuevos ingresos. No te centres solo en ahorrar, también necesitas generar.

## Estrategias para mantener ingresos cuando tu trabajo peligra

### Diversificación de ingresos de emergencia

- Antes de que llegue la crisis:
  - o Desarrolla al menos una habilidad que puedas monetizar rápido.
  - o Mantén contactos en diferentes sectores.
  - o Ten siempre actualizado tu perfil profesional.
- Cuando ya llegó la crisis, no tengas prejuicios:
  - o **Trabajos de supervivencia:** Repartidor, cuidados, limpieza...
  - o **Vende lo que sepas hacer:** Clases particulares, diseño, redacción...
  - o **Servicios de emergencia:** Mudanzas, reparaciones básicas...

## El kit de supervivencia profesional

- Ten preparado un discurso de treinta segundos para cuando te pregunten a qué te dedicas.
- Haz una lista de diez personas que podrían echarte una mano a nivel profesional.
- **Tu portfolio de crisis:** Los trabajos que puedes hacer desde mañana para generar algo de dinero.

## Recursos y ayudas disponibles

Existen más ayudas de las que crees. Las públicas incluyen prestaciones por desempleo, ayudas para situaciones de vulnerabilidad y programas de apoyo a emprendedores en crisis; las privadas van desde organizaciones benéficas hasta fundaciones que apoyan situaciones específicas y bancos de alimentos; las comunitarias abarcan redes de apoyo local, grupos de intercambio y trueque, así como comunidades online de ayuda mutua.

Pedir ayuda no te convierte en un fracasado, es inteligencia emocional. Busca información online antes de solicitarla, sé específico sobre lo que necesitas, ofrece algo a cambio cuando sea posible y agradece siempre, aunque no te puedan ayudar.

## Psicología financiera en momentos de crisis

En una crisis tienes cuatro enemigos mentales:

1. El pánico te paraliza y te hace tomar decisiones estúpidas: respira hondo, tienes más tiempo del que crees.

2. La negación te hace pensar que «esto se arreglará solo»: no, no se va a arreglar solo.

3. La vergüenza te impide pedir ayuda o coger trabajos que consideras «por debajo de ti».

4. Y la desesperación te hace aceptar cualquier cosa sin pensar en las consecuencias a largo plazo.

Para mantener la cabeza fría, usa la regla de las 24 horas: no tomes decisiones importantes el mismo día en que recibes malas noticias. Lleva un diario de crisis y escribe cada día qué hiciste, qué aprendiste y qué vas a hacer mañana. Y aplica la técnica del 10/10/10: «¿Cómo me voy a sentir con esta decisión en 10 minutos, en 10 meses y en 10 años?».

## Convertir obstáculos en oportunidades económicas

Las crisis son cambios forzados. A veces necesitas que te empujen para hacer cosas que llevabas años posponiendo: cambiar de sector, emprender algo nuevo, mudarte a otro sitio, aprender nuevas habilidades...

En una crisis de empleo tienes tiempo para formarte, la oportunidad de replantearte tu carrera y la posibilidad de emprender. En una crisis económica general, los precios bajan (buenas oportunidades de compra a futuro), hay menos competencia en algunos sectores y la gente necesita servicios básicos y baratos. Una crisis personal te obliga a priorizar lo que importa de verdad, desarrollas resiliencia y aprendes a vivir con menos.

La diferencia entre mentalidad de víctima y superviviente es clave. La víctima pregunta: «¿Por qué me pasa esto a mí?», mientras que el superviviente se pregunta: «¿Qué puedo hacer con lo que tengo?». La víctima dice: «No es justo», el superviviente dice: «No es justo, pero voy a enfrentarlo». La víctima cree: «No tengo opciones», el superviviente reconoce: «Tengo opciones, aunque no sean las mejores».

## Tu kit de crisis financiera

## Antes de la crisis (hazlo ya)

- En los próximos 7 días:
  - o Haz un inventario de todo lo que tienes de valor.
  - o Actualiza tu CV y tu perfil profesional.
  - o Identifica tres trabajos que podrías empezar a hacer mañana mismo.
- En el próximo mes:
  - o Calcula exactamente cuánto necesitas para vivir en modo supervivencia.
  - o Identifica qué gastos podrías cortar de inmediato.
  - o Habla con tu familia sobre planes de contingencia.

- En los próximos 3 meses:
  - o  Construye tu red de contactos de emergencia.
  - o  Desarrolla una habilidad que puedas monetizar rápido.
  - o  Investiga qué ayudas existen en tu zona.

## Durante la crisis (tu plan de 72 horas)

- Día 1. Parar y respirar:
  - o  No tomes decisiones importantes.
  - o  Haz una lista de lo que tienes (dinero, recursos, contactos).
  - o  Llama a alguien de confianza.
- Día 2. Evaluar el daño:
  - o  Calcula exactamente cuánto tiempo puedes aguantar.
  - o  Identifica qué gastos puedes cortar ya.
  - o  Busca información sobre ayudas disponibles.
- Día 3. Plan de acción:
  - o  Define tu estrategia para los próximos 30 días.
  - o  Empieza a hacer llamadas (trabajo, ayudas, negociaciones).
  - o  Activa tu red de contactos.

## Después de la crisis, prepárate para la próxima

Todas las crisis terminan. Cuando esto ocurra, tendrás dos opciones: volver a lo de antes o construir algo mejor.

Las lecciones más valiosas que te llevarás son saber de qué puedes prescindir en realidad, haber descubierto recursos y habilidades que no sabías que tenías, que tu red de apoyo se ha fortalecido (o has descubierto que no tenías ninguna) y haber desarrollado músculo de resiliencia.

*Para prepararte mejor para la próxima, revisa y mejora tu plan de crisis cada año, mantén actualizadas tus habilidades de supervivencia financiera y no dejes que el miedo te paralice, pero sí que te prepare.*

Las crisis no vienen a destruirte. Vienen a enseñarte de qué estás hecho en realidad. Lo más seguro es que seas más fuerte de lo que crees.

No se trata de ser pesimista o paranoico, se trata de ser realista: las cosas malas pasan, pero tu capacidad para salir adelante es mucho mayor de lo que te imaginas.

El mejor momento para prepararte para una crisis financiera es cuando no la tienes. Y si ya estás en una, recuerda: esto también pasará. Tu trabajo es sobrevivir hasta que pase y salir más fuerte.

Porque al final no eres lo que tienes, eres lo que haces con lo que tienes, y eso nadie te lo puede quitar.

# CAPÍTULO 10
# FINANZAS EN PAREJA, CON AMIGOS Y EN FAMILIA

## Hablar de dinero con tu pareja sin acabar a gritos

Si hay algo que puede romper hasta la relación más sólida, es una conversación sobre dinero mal enfocada. Las peleas por dinero son una de las principales causas de divorcio, pero no porque el dinero sea problemático en sí, sino porque rara vez hablamos de él de forma constructiva.

## ¿Por qué el dinero genera tantos conflictos?

El dinero nunca es solo dinero. Es poder, seguridad, libertad, estatus, valores familiares, sueños de futuro... Cuando discutes con tu pareja sobre dinero, en realidad están chocando visiones del mundo, miedos profundos y expectativas que muchas veces ni siquiera os habéis contado.

Añade que la mayoría hemos crecido en familias que no hablaban de dinero de manera abierta, así que no tenemos modelos de cómo hacerlo bien. El resultado: conversaciones cargadas de tensión que acaban en reproches y portazos.

## El método para hablar de dinero sin drama

- **Elige el momento adecuado:** Nunca hables de dinero cuando estés estresado, después de una compra polémica o al final de un día agotador. Programa una conversación específica cuando los dos estéis relajados.

- **Empieza por vuestra historia individual:** Antes de hablar de vuestro dinero conjunto, compartid vuestras experiencias familiares con el dinero. ¿Cómo se manejaba en vuestra casa? ¿Qué mensajes recibíais? ¿Cuáles son vuestros miedos financieros?

- **Define objetivos comunes:** En lugar de centrarte en problemas («gastas demasiado en...»), habla de sueños compartidos. ¿Qué queréis conseguir juntos? Los objetivos comunes unen, los reproches separan.

- **Sé específico, no generalista:** «Me gustaría que revisásemos nuestro presupuesto de restaurantes porque creo que podríamos ahorrar 200 € al mes» funciona mejor que «Siempre estás gastando dinero en gilipolleces».

- **Usa «nosotros», no «tú»:** Di: «Creo que deberíamos planificar mejor nuestros gastos» en lugar de «tú no sabes gestionar el dinero». Sois un equipo, no adversarios.

- **Reconoce las diferencias:** Es normal que tengáis personalidades financieras diferentes. Uno es más ahorrador, otro es más gastador. La clave no es cambiar al otro, sino encontrar un sistema que funcione para los dos.

## Conversaciones específicas que deberíais tener

- ¿Cómo vamos a organizar nuestras cuentas bancarias?
- ¿Cuáles son nuestras prioridades financieras para los próximos 5 años?
- ¿Qué cantidad podemos gastar sin consultar al otro?
- ¿Cómo vamos a dividir los gastos?
- ¿Qué pasa si uno de los dos se queda sin trabajo?
- ¿Queremos hijos? ¿Cómo afectará eso a nuestra economía?

Estas conversaciones no se tienen una vez y ya está. Vuestras circunstancias cambiarán, así que programad revisiones regulares cada seis meses como mínimo.

## Diferencias de ingresos en una relación

Uno de los temas más complicados en las relaciones es cuando hay una diferencia importante en los ingresos. Conviene abordar el tema abiertamente para evitar malestar, culpa y desequilibrios de poder.

## Los problemas más comunes

- Para quien gana menos:
  - Sentimiento de inferioridad o dependencia.
  - Culpa por «no contribuir igual».
  - Sensación de pérdida de autonomía.
  - Resentimiento si el otro toma decisiones financieras unilaterales.

- Para quien gana más:
  - Presión por ser «el proveedor principal».
  - Frustración si siente que el otro no se esfuerza igual.
  - Culpa por poder permitirse cosas que el otro no puede.
  - Tentación de usar el dinero como herramienta de control.

## Estrategias para manejar estas diferencias

- **Separad la contribución del valor:** La contribución económica no es la única forma de aportar valor. Quien gana menos puede contribuir más en tareas domésticas, cuidado de los hijos, gestión del hogar, apoyo emocional... Reconoced todas las formas de contribución.

- **Considerad la proporción, no la cantidad:** En lugar de dividir todo al 50/50, dividid gastos en proporción a vuestros ingresos. Si uno gana 60.000 € al año y el otro 30.000 €, el primero podría asumir el 67 % de los gastos comunes.

- **Definid qué es «dinero común» y qué es «dinero personal»:** Gastos como vivienda, alimentación o seguros pueden ser comunes, mientras cada uno mantiene dinero personal para sus caprichos.

- **Comunicad las decisiones importantes:** Quien gane más no debería tomar decisiones financieras unilaterales que afecten a ambos.

### Ejemplos prácticos de organización

- **Opción 1. Cuenta común proporcional:** Ambos aportan un porcentaje de sus ingresos a una cuenta común que cubre gastos esenciales. Cada uno conserva el resto para gastos personales.
- **Opción 2. El que gana más cubre básicos:** Quien tiene más cubre gastos básicos, quien gana menos contribuye con gastos secundarios y conserva más para uso personal.
- **Opción 3. Separación con acuerdos:** Cada uno mantiene sus cuentas separadas y dividen gastos según acuerdos específicos.

## Cómo dividir gastos cuando compartes piso

Vivir con compañeros puede ser inteligente a nivel económico, pero también una fuente de tensiones si no se establecen reglas claras desde el principio.

### Gastos a tener en cuenta

- **Gastos fijos obligatorios:** Alquiler, suministros básicos, internet, seguros, gastos de comunidad.
- **Gastos variables del hogar:** Productos de limpieza, papel higiénico, jabón, bombillas, comida compartida básica.
- **Gastos opcionales:** Plataformas de *streaming*, limpieza profesional, decoración común, electrodomésticos no básicos.

## Sistemas efectivos para dividir gastos

- **División equitativa simple:** Todo se divide por el número de personas. Es lo más fácil de gestionar, pero puede generar conflictos si hay grandes diferencias en el uso.

- **División proporcional por uso:** Los gastos fijos se dividen de manera equitativa, los variables según el uso. Requiere más gestión, pero es más justo.

- **Rotación de responsabilidades:** Cada mes una persona paga todas las facturas y el resto le transfiere su parte.

- **Cuenta común:** Todos aportan una cantidad mensual fija que cubre todos los gastos del piso.

## Herramientas que ayudan

- Splitwise: Aplicación específica para dividir gastos entre varias personas.

- Tricount: Similar a Splitwise, muy intuitiva.

- Hojas de cálculo compartidas: Google Sheets con acceso para todos.

- Aplicaciones bancarias: Algunas permiten crear cuentas conjuntas para gastos específicos.

## Reglas de oro para evitar conflictos

1. **Transparencia total:** Todos los gastos deben ser conocidos por todos.

2. **Liquidación regular:** No dejéis que las deudas se acumulen durante meses.

3. **Comunicación previa:** Consultad antes de hacer compras grandes para el piso.

4. **Flexibilidad ocasional:** Si alguien atraviesa un mal momento, sed comprensivos.

5. **Documentación:** Guardad recibos y mantened registros de quién le debe qué a quién.

## ¿Prestar dinero? Cómo no acabar mal

Lo ideal es que ni prestes ni te presten, porque prestando se pierde dinero y a veces también al amigo. Y aunque suene pesimista, hay mucha verdad en esta frase.

### ¿Por qué es tan problemático?

Cuando prestas dinero, cambias la dinámica de la relación. El prestamista puede sentirse con derecho a opinar sobre los gastos del deudor y el deudor puede sentirse juzgado o incómodo.

### Antes de prestar dinero, pregúntate:

1. **¿Puedo permitirme no recuperarlo?** Si es no, no lo prestes.

2. **¿Por qué me lo pide a mí y no al banco?**

3. **¿Confío en que me lo devolverá?** Básate en el historial de esta persona.

4. **¿Estoy prestando o regalando?** Sé honesto contigo mismo sobre tus expectativas.

5. **¿Cómo afectará esto nuestra relación?**

## Las cinco reglas de oro

1. **Presta solo lo que puedas permitirte perder:** Si recuperarlo es crítico para tu situación financiera, busca alternativas (ayúdale a conseguir un préstamo bancario, por ejemplo).

2. **Ponlo por escrito, SIEMPRE:** Aunque sea tu mejor amigo. Un simple papel firmado con la cantidad, la fecha de devolución y las condiciones del préstamo te va a evitar malentendidos en un futuro.

3. **Establece mínimos claros:** ¿Cuándo te lo tiene que devolver? ¿Todo de una vez o en plazos? ¿Va a haber intereses? ¿Qué pasa si no puede cumplir?

4. **No seas prestamista profesional:** Si alguien te pide dinero de manera recurrente, está usando tu generosidad como solución a un problema más profundo. Ayúdalo a solucionarlo de raíz.

5. **No mezcles préstamos con juicios:** Una vez que has prestado el dinero, no tienes derecho a criticar cómo se gasta el dinero la otra persona.

## Alternativas a prestar dinero

- **Pagar directamente el servicio:** En lugar de prestar 800 €, paga la reparación del coche de quien te pide prestado.

- **Regalar una cantidad menor:** «No puedo prestarte 500 €, pero puedo regalarte 100 €».

- **Ofrecer ayuda no monetaria:** Asesoría financiera, ayuda para conseguir un trabajo, conexiones...

- **Préstamo conjunto:** Acompáñale al banco como avalista, esto puede ser mejor opción que un préstamo personal que le des tú.

## ¿Qué hacer cuando no te devuelven el dinero?

1. **Recordatorio amigable:** «Oye, ¿cómo vas con lo del préstamo?».
2. **Conversación directa:** Explica cómo te afecta la falta de devolución.
3. **Renegociación:** Quizá puede devolverte menos cantidad o en más plazos.
4. **Decisión final:** ¿El dinero o la relación? A veces toca elegir.

## Casos especiales: familia *vs.* amigos

Aunque los préstamos suelen tener un componente emocional mucho mayor cuando se hacen entre familiares, lo cierto es que también involucran expectativas de mayor flexibilidad (plazos más largos, posibilidad de que no haya intereses...). Sin embargo, las cenas familiares pueden volverse incómodas si hay deudas pendientes.

En el caso de amigos, puede ser más fácil ser directo sobre las condiciones, pero también más fácil que la amistad se resienta si las cosas no van bien.

Una alternativa, sobre todo cuando se trata de familiares cercanos en dificultades serias, es, si puedes permitírtelo, darles el dinero que necesitan como un regalo. Esto puede ser mejor que prestarlo, pues elimina la tensión futura y deja claras las expectativas desde el principio.

*Recuerda: No tienes la obligación moral de prestarle dinero a nadie, sin importar el parentesco o la amistad. Tu estabilidad financiera debe ser siempre la prioridad.*

## Hablar de herencias y dinero con familiares mayores

Hablar de herencias significa hablar de muerte y en nuestra cultura existe un tabú enorme con este tema. Pero una conversación incómoda hoy puede evitar una catástrofe familiar mañana.

### ¿Cómo abordar el tema sin parecer que estás esperando a que se mueran?

1. **Enfócalo en su tranquilidad, no en tu beneficio:** «Me gustaría saber si tenéis todo organizado para no tener que tomar decisiones difíciles en momentos emocionales complicados».

2. **Usa eventos externos como disparador:** La experiencia de otra familia, una noticia, problemas legales que hayas escuchado... «He oído que la familia X tuvo problemas porque no sabían dónde estaban los papeles importantes».

3. **Empieza por temas prácticos, no por dinero:** Documentos importantes, seguros de salud, preferencias sobre cuidados médicos, testamento en vida...

**4. Hazlo de manera gradual:** No pretendas tener una conversación única que lo cubra todo. Ve introduciendo el tema en múltiples conversaciones.

## Información que necesitas conocer

- **Documentos importantes:**
  - ○ ¿Dónde están los testamentos?
  - ○ ¿Hay testamento en vida (voluntades anticipadas)?
  - ○ ¿Dónde están los papeles de las propiedades, los seguros, las cuentas bancarias?
  - ○ ¿Hay caja fuerte? ¿Dónde están las claves?
- **Aspectos financieros:**
  - ○ ¿Qué cuentas bancarias tienen?
  - ○ ¿Hay inversiones, fondos, planes de pensiones?
  - ○ ¿Qué deudas hay?
  - ○ ¿Hay seguros de vida? ¿Quiénes son los beneficiarios?
- **Propiedades:**
  - ○ ¿Qué inmuebles tienen?
  - ○ ¿Están completamente pagados?
  - ○ ¿Hay inquilinos?
  - ○ ¿Cómo están escriturados?
- **Preferencias personales:**
  - ○ ¿Cómo quieren que se repartan sus pertenencias?
  - ○ ¿Hay objetos con valor sentimental?
  - ○ ¿Quieren donar a alguna organización?

## Temas delicados

- **Cuidados a largo plazo:**
  - ○ ¿Qué tipo de cuidados quieren si necesitan asistencia?
  - ○ ¿Tienen seguro de dependencia?
  - ○ ¿Han considerado residencias? ¿Cuáles? ¿Cómo se pagarán?

- **Distribución desigual entre hermanos:**
  - ○ ¿Hay razones para tratar a los hijos de forma diferente?
  - ○ ¿Alguien ha contribuido más a cuidados o finanzas familiares?
  - ○ ¿Hay hermanos con necesidades especiales?

- **Conflictos potenciales:**
  - ○ ¿Hay propiedades que varios hermanos quieren conservar?
  - ○ ¿Hay negocios familiares que gestionar?
  - ○ ¿Existen tensiones que ya arrastran los hermanos?

## ¿Cómo gestionar la resistencia a hablar del tema?

Si tus familiares se muestran reacios:

1. **Respeta su privacidad, pero insiste en lo básico:** No necesitas conocer sus números exactos, pero sí dónde encontrar la información en caso de emergencia.

2. **Haz énfasis en los aspectos legales:** Un testamento mal hecho puede ocasionar problemas fiscales grandísimos para los herederos.

3. **Sugiéreles hablar con un profesional:** Notarios, asesores fis-

cales o planificadores financieros que puedan guiarles en aspectos que no han considerado.

4. **Comparte tus propios planes:** Si tú también estás planificando tu futuro financiero, pueden sentirse más cómodos compartiendo el suyo.

## El papel de los hermanos

Lo ideal es que estas conversaciones involucren a todos los hermanos para evitar malentendidos y asegurarse de que todos tienen la misma información. Pero a veces uno de los hermanos es quien debe tomar la iniciativa.

Si tus hermanos no están interesados en tener estas conversaciones, al menos documenta la información que te den y compártela con ellos cuando sea necesario.

> Recuerda: El objetivo no es conocer todos los detalles de las finanzas familiares por curiosidad, sino asegurar que, cuando llegue el momento (que llegará), la familia pueda actuar de forma coordinada y respetando las verdaderas voluntades de vuestros padres.

Estas conversaciones son un acto de amor y responsabilidad, aunque sean incómodas.

## Cómo enseñar a los más pequeños a entender el dinero

Enseñar finanzas a los niños no va solo de dinero, sino de responsabilidad, planificación, paciencia y valores. Los hábitos financieros se forman temprano y los niños que aprenden conceptos básicos de dinero tienen más probabilidades de ser adultos financieramente responsables.

¿A qué edad empezar?

Los conceptos básicos pueden empezar tan pronto como los niños entiendan los números y puedan contar. Alrededor de los 4 o 5 años, ya pueden entender conceptos como «comprar», «precio» y «ahorrar».

## Conceptos por edades

- **De 4 a 7 años. Conceptos básicos:**
  - o El dinero se usa para comprar cosas.
  - o Hay que pagar por lo que queremos.
  - o Algunos productos cuestan más que otros.
  - o El dinero se gana trabajando.
- **De 8 a 12 años. Gestión básica:**
  - o Diferencia entre necesidades y deseos.
  - o Planificación y presupuesto simple.
  - o Comparación de precios.
  - o Concepto de interés (tanto a favor como en contra).
  - o Primeras responsabilidades financieras.

- **De 13 a 18 años. Responsabilidad real:**

  o Cuentas bancarias propias.

  o Gestión de una paga/presupuesto mensual.

  o Conceptos de inversión básica.

  o Primeros trabajos de verano.

  o Preparación para la independencia financiera.

## Estrategias prácticas para enseñar finanzas

- **La hucha transparente:** Donde puedan ver crecer sus ahorros. Estableced objetivos pequeños y alcanzables.

- **Involucrarles en compras familiares:** Compara precios en el súper, explícales por qué eliges una marca u otra, muéstrales cómo usas descuentos.

- **Paga condicionada:** Vincúlala a responsabilidades apropiadas para su edad. El dinero se gana, no aparece por arte de magia.

- **Regla del reparto** (para mayores de 8 años):

  o 50 % para gastos/disfrute inmediato.

  o 30 % para ahorros (objetivo a medio plazo).

  o 20 % para donar, compartir o ayudar a otros.

- **Errores como aprendizaje:** Permíteles cometer pequeños errores financieros mientras las consecuencias sean manejables.

## Conversaciones importantes que tener

- **Sobre publicidad:** Explícales cómo intentan influir en sus decisiones de compra.

- **Sobre dinero y felicidad:** Explícales que el dinero proporciona seguridad y oportunidades, pero no compra la felicidad de manera directa.
- **Sobre diferencias económicas:** Explícales, sin crear complejos, por qué algunas familias tienen más dinero que otras.
- **Sobre trabajo y dinero:** Conecta el concepto de trabajo con el dinero, pero también habla del valor de trabajos que no se pagan con dinero.

## Errores comunes que hay que evitar

1. **Usar el dinero como premio/castigo emocional:** Condiciones como «Si te portas bien, te doy 5 €» crean una relación poco saludable con el dinero.
2. **Ocultar completamente las finanzas familiares:** Los niños necesitan entender, de forma apropiada para su edad, cómo funciona la economía familiar.
3. **Ceder inmediatamente a todas sus peticiones:** Si siempre tienen lo que quieren sin esfuerzo, no van a aprender el valor del dinero.
4. **Transmitir ansiedad financiera:** Tus propios miedos sobre el dinero pueden transmitirse a los niños de formas poco saludables.
5. **No modelar buen comportamiento financiero:** Los niños aprenden más de lo que ven que de lo que les dices.

El objetivo no es crear niños obsesionados con el dinero, sino niños que cuando sean adultos tengan una relación saludable, informada y responsable con las finanzas. Que entiendan que el dinero es una herramienta para conseguir objetivos, que sepan planificar y ahorrar, que no les dé miedo hablar de dinero y que tomen decisiones basadas en valores claros, no en impulsos emocionales.

Enseñar finanzas a los niños es enseñarles a tomar buenas decisiones, a ser pacientes, a planificar el futuro y a entender las consecuencias de sus actos. Estas son habilidades de vida que van mucho más allá del dinero.

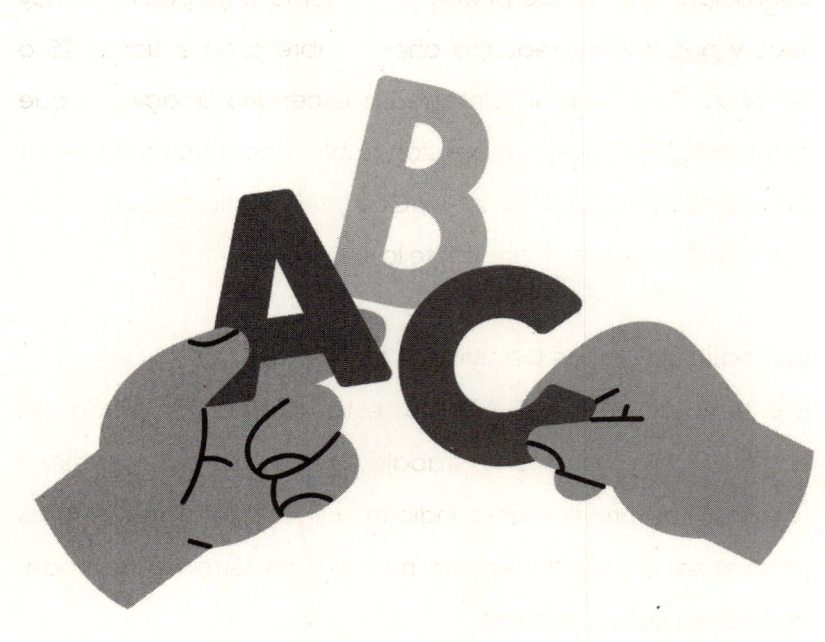

# CAPÍTULO 11
# PLANIFICAR EL FUTURO (AUNQUE TE PAREZCA MUY LEJANO)

## Jubilación: Sí, aunque seas joven, esto va contigo

Jubilación.... Ya sé que puede sonar como algo que está muy lejos y que no te preocupa ahora, sobre todo si tienes 25 o 30 años. Pero déjame pintarte un escenario: imagínate que llegas a los 65 años y tu pensión pública apenas te cubre los gastos básicos. ¿Qué pasaría? Quizá te tocaría trabajar otros 5 años más porque no ahorraste lo suficiente.

## La realidad de las pensiones públicas

El sistema de pensiones públicas está bajo presión. Cada vez hay más jubilados y menos trabajadores cotizando para mantenerlos. Las proyecciones indican que las pensiones futuras podrían ser significativamente menores en términos de poder adquisitivo que las actuales.

Esto no es catastrofismo, son matemáticas simples. Si el sistema se basa en que los trabajadores de hoy pagan las pensiones de los jubilados de hoy y la pirámide demográfica se está invirtiendo, algo tiene que cambiar.

## ¿Cuánto necesitas en realidad para jubilarte?

La regla general es que necesitarás entre el 70-80 % de tus ingresos actuales para mantener tu nivel de vida durante la jubilación. Si hoy gastas 2.000 € al mes, necesitarás entre 1.400 € y 1.600 € mensuales cuando te jubiles.

Multiplica eso por 20-25 años de jubilación esperada y estaremos hablando de 336.000 € y 480.000 € que vas a necesitar tener acumulado. ¿Cuánto de eso esperas que cubra tu pensión pública?

## El poder del tiempo a tu favor

Si tienes 25 años y empiezas a ahorrar 100 € al mes con un rendimiento anual del 6 %, a los 65 años tendrás unos 199.000 €. Si esperas hasta los 35 para empezar con la misma cantidad, tendrás solo unos 100.000 €. 10 años de diferencia significan casi 100.000 € menos.

## Instrumentos para preparar tu jubilación

1.  **Plan de pensiones individual:**

    -   **Ventajas:** Deducción fiscal (hasta 1.500 € anuales), crecimiento sin tributar hasta el rescate.
    -   **Desventajas:** Liquidez limitada, tributación como rendimientos del trabajo al rescatar.
    -   **Para quién:** Personas que buscan reducir su carga fiscal actual y no necesitan liquidez.

2. **Planes de pensiones de empleo:**

   - **Ventajas:** Normalmente la empresa aporta también, mayor límite de deducción.
   - **Desventajas:** Dependes de que tu empresa lo ofrezca.
   - **Para quién:** Empleados cuyas empresas ofrecen estos planes.

3. **Fondos de inversión a largo plazo:**

   - **Ventajas:** Mayor liquidez, tributación más favorable en algunos casos, control total.
   - **Desventajas:** Sin deducción fiscal inicial.
   - **Para quién:** Personas que quieren flexibilidad y control sobre sus inversiones.

4. **Seguros de ahorro/PIAS:**

   - **Ventajas:** Garantía de capital, tratamiento fiscal favorable bajo ciertas condiciones.
   - **Desventajas:** Rentabilidades (a veces) más bajas.
   - **Para quién:** Perfiles muy conservadores que priorizan seguridad sobre rentabilidad.

5. **Inmuebles de inversión:**

   - **Ventajas:** Activo tangible, ingresos por alquiler, potencial revalorización.
   - **Desventajas:** Requiere capital inicial alto, menos liquidez, gestión activa.
   - **Para quién:** Personas con suficiente capital inicial y tiempo para gestionar propiedades.

### Estrategia práctica por edades

- **20-30 años:** Céntrate en fondos de inversión con perfil agresivo (80 % renta variable). Hay tiempo de sobra para superar las volatilidades.
- **30-40 años:** Mantén el perfil agresivo, pero considera diversificar con algunos planes de pensiones o PIAS para tener beneficios fiscales.
- **40-50 años:** Empieza a reducir el riesgo de manera gradual. 60-70 % renta variable, el resto en renta fija.
- **50-65 años:** Perfil conservador. Prioriza preservar el capital sobre maximizar la rentabilidad.

### ¿Cuánto deberías ahorrar?

Una regla práctica es el 10-15 % de tus ingresos brutos. Si ganas 30.000 € anuales, deberías destinar a tu jubilación entre 3.000 € y 4.500 € anuales.

Cada año que retrases el inicio de tu plan de jubilación te costará miles de euros en el futuro. La procrastinación es extremadamente cara cuando se trata de planificar a largo plazo.

*No necesitas ser perfecto desde el primer día, pero sí necesitas empezar. Un plan imperfecto implementado es infinitamente mejor que un plan perfecto que nunca llevarás a cabo.*

# Seguros que necesitas (y los que no)

Los seguros son productos que esperas no necesitar nunca, pero que pueden salvarte a nivel financiero si ocurre algo que no esperas. El truco está en tener los seguros correctos, no todos los seguros habidos y por haber.

## Seguros que quizá necesitas

- Seguro de vida (si tienes personas que dependan de ti):
  - **Para qué:** Para asegurar que tu familia pueda mantener su nivel de vida si faltas.
  - **Cuánto:** 5-10 veces tus ingresos anuales.
  - **Tipo recomendado:** Temporal, no mixto. Más barato y cumple mejor la función de protección.
  - **No necesario si:** No tienes dependientes económicos.
- Seguro de incapacidad temporal/permanente:
  - **Para qué:** Para sustituir tus ingresos si no puedes trabajar por enfermedad o accidente.
  - **Cuánto:** 60-70 % de tus ingresos actuales.
  - **Especialmente importante para:** Autónomos, ya que no tienen la misma protección que los empleados.
- Seguro de salud privado (opcional pero recomendable):
  - **Para qué:** Para tener acceso más rápido a especialistas y mejor comodidad hospitalaria.
  - **Cuando considerarlo:** Si tienes ingresos estables y valoras la rapidez de atención.

## Seguros que probablemente NO necesitas

- **Seguros de vida en niños:** Los niños no tienen dependientes económicos que proteger.

- **Seguros específicos por enfermedad:** Los seguros de cáncer, infarto, etc. Son marketing. Un buen seguro de salud y uno de incapacidad cubren mejor estos riesgos.

- **Seguros de garantía extendida:** En especial para productos electrónicos. Estadísticamente es más barato autoasegurarse.

- **Seguros de vida mixtos/de ahorro:** Mezclan protección con inversión y normalmente hacen ambas cosas mal.

- **Seguros de viaje para viajes cortos en Europa:** Tu tarjeta sanitaria europea y el seguro de tu tarjeta de crédito pueden ser suficientes.

## Cómo elegir seguros de manera inteligente

1. **Compara siempre:** Los precios pueden variar enormemente entre aseguradoras para la misma cobertura.

2. **Lee la letra pequeña:** Sobre todo en exclusiones y franquicias.

3. **Ajusta las franquicias:** Una franquicia más alta reduce la prima de manera significativa. Puedes autoasegurarte para gastos pequeños.

4. **Revisa de manera anual:** Tus necesidades cambian y pueden aparecer mejores ofertas.

5. **Agrupa seguros:** Muchas aseguradoras ofrecen descuentos si tienes varias pólizas con ellos.

Una regla general es destinar el 5-10% de tus ingresos brutos a seguros (excluyendo Seguridad Social). Esto incluye coche, hogar, vida, salud...

Los seguros son gastos, no inversiones. Su objetivo es protegerte a nivel financiero de eventos catastróficos, no hacerte rico.

## Incapacidad temporal: qué ocurre si no puedes trabajar durante meses

Una lesión, enfermedad o accidente puede dejarte sin trabajar durante semanas o meses. Mientras que mucha gente planifica para la jubilación o incluso para la muerte, poca considera qué pasaría si no pudieran generar ingresos durante un tiempo.

### La realidad

- Una persona de 30 años tiene aproximadamente un 50% de probabilidades de sufrir una incapacidad temporal significativa antes de los 65 años.
- La duración promedio de una incapacidad temporal es de varios meses.
- La causa más común de incapacidad temporal no son accidentes, sino enfermedades (cáncer, problemas cardíacos, salud mental).

## ¿Qué cobertura tienes ahora mismo?

- **Empleados por cuenta ajena:**

  o **Incapacidad temporal por enfermedad común:** 60 % del salario desde el día 4 hasta el 15; 75 % del salario a partir del día 16.

  o **Incapacidad temporal por accidente laboral:** 75 % del salario desde el primer día.

  o **Duración máxima:** 365 días, ampliables a 545 días.

- **Autónomos:**

  o **Incapacidad temporal por enfermedad común:** 60 % de la base de cotización desde el día 4 (cobertura opcional, muchos no la tienen contratada).

  o **Incapacidad temporal por accidente laboral:** 75% de la base reguladora desde el primer día (cobertura obli-gatoria).

  o **Base de cotización:** suele ser menor que los ingresos reales.

  o **Duración máxima:** 365 días, ampliables a 545 días.

  o **Muchos autónomos no tienen estas coberturas** si no las han contratado de manera específica.

## Vacíos en la cobertura pública

- Los primeros días no están cubiertos o están cubiertos por la empresa (que puede no pagarte el 100 %).

- El porcentaje puede no ser suficiente para cubrir tu nivel de vida.

- Los autónomos pueden quedarse sin cobertura si no han cotizado por incapacidad temporal.
- Los trabajadores irregulares pueden tener bases de cotización muy bajas.

## Cómo preparar tu libertad financiera

La libertad financiera no significa necesariamente ser millonario, significa llegar al punto en el que tu dinero trabaja lo suficiente para ti como para que el trabajo sea opcional, no obligatorio. Es poder elegir cómo pasas el tiempo basándote en tus valores y preferencias, no en la necesidad económica.

### ¿Qué es la libertad financiera en realidad?

Existen diferentes niveles:

1. **Estabilidad financiera:** Tienes un fondo de emergencia sólido y no vives al día.
2. **Flexibilidad financiera:** Puedes tener un trabajo peor pagado, pero más satisfactorio o tomarte un año sabático.
3. **Independencia financiera:** Tus inversiones generan suficiente para cubrir tus gastos básicos.
4. **Libertad financiera completa:** Tus inversiones cubren no solo gastos básicos, sino el estilo de vida que deseas.

## Regla del 4 % (o cómo calcular tu número)

Esta regla sugiere que puedes retirar un 4 % al año de tu cartera de inversiones sin agotar el capital, es decir:

- Si gastas 20.000 € anuales, necesitarás tener 500.000 € invertidos.
- Si gastas 40.000 € anuales, necesitarás tener 1.000.000 € invertidos.
- Si gastas 60.000 € anuales, necesitarás tener 1.500.000 € invertidos.

## ¿Cómo conseguir tu número?

### 1. Reduce tus gastos anuales:

Por cada euro que logres no gastar al año reduce tu objetivo en 25 € que necesitas invertir. Reducir gastos tiene un doble efecto: necesitas menos capital objetivo y puedes ahorrar más para conseguirlo. Te pongo un ejemplo: imagina que actualmente gastas 2.000 € al mes (24.000 € al año). Según la regla del 4%, necesitas tener invertidos 600.000 € para poder retirar esos 24.000 € anuales sin agotar tu capital. Ahora reduces tus gastos a 1.900 € al mes (22.800 € al año). Y aquí pasan dos cosas. Por un lado, necesitas menos capital, si antes necesitabas 600.000 € ahora necesitarás 570.000 €; por el otro, al reducir esos gastos, ahorras más. Si antes ganabas 2.500 €, gastabas 2.000 € y ahorrabas 500 €; ahora ahorrarías 600 €. Esos 25 € salen de multiplicar por 25 (que es 1 ÷ 0,04). Por cada euro que reduces en tus gastos anuales, necesitas 25 € menos en tu capital invertido. Si reduces tus gastos anuales en 1.200 €, necesitas 30.000 € menos invertidos (1.200 × 25 = 30.000).

2. **Maximiza tu tasa de ahorro:**

   - 50 % de tasa de ahorro: libertad financiera en 17 años.
   - 25 % de tasa de ahorro: libertad financiera en 32 años.
   - 10 % e tasa de ahorro: libertad financiera en 51 años.

3. **Optimiza tus inversiones:**

   - Mantén costes bajos (fondos indexados, ETF).
   - Invierte en activos que generen dividendos.
   - Rebalancea periódicamente.
   - Mantén disciplina a largo plazo.

4. **Aumenta tus ingresos de forma estratégica:**

   - Desarrolla habilidades que aporten valor.
   - Crea múltiples fuentes de ingresos.
   - Considera el emprendimiento escalable.
   - Invierte en tu educación financiera.

## Estrategias específicas para acelerar el proceso

- **Geoarbitraje:** Trabajar en sitios con salarios altos pero vivir en lugares con coste de vida bajo o teletrabajar para empresas internacionales.
- ***House hacking*:** Comprar viviendas donde puedas vivir en una parte y alquilar la otra parte para que cubra la mayoría de tus gastos de vivienda.
- **Emprendimiento escalable:** Negocios que puedas automatizar o que crezcan sin requerir más tiempo proporcional.

## Los pilares de la libertad financiera

1. **Mentalidad:**

   - Vivir por debajo de tus posibilidades de forma sostenible.
   - Pensar a largo plazo.
   - No compararte con otros.
   - Encontrar satisfacción en el progreso, no solo en el objetivo final.

2. **Plan claro:**

   - Objetivos específicos y medibles.
   - Plazos realistas.
   - Revisiones y ajustes periódicos.
   - Automatización donde sea posible.

3. **Disciplina:**

   - Constancia en el ahorro e inversión.
   - Resistir tentaciones de gasto en el estilo de vida.
   - Mantener el rumbo durante la volatilidad de los mercados.

4. **Paciencia:**

   - Entender que es un proceso de años o décadas.
   - Celebrar pequeños logros.
   - No buscar atajos arriesgados.

La libertad financiera es absolutamente alcanzable para la mayoría de personas que disponen ingresos medios, pero requiere planificación, disciplina y tiempo. No es un sprint, es una maratón que se gana con constancia.

**EJERCICIO. PASO A PASO PARA HACER TU PRIMER PLAN FINANCIERO**

Un plan financiero no tiene que ser un documento de 50 páginas elaborado por un asesor caro. Puede ser algo que te hagas tú mismo en unas cuantas horas, que te dé claridad sobre dónde estás, adónde quieres llegar y cómo vas a hacerlo.

## Paso 1. Evaluación de tu situación actual

### A. Patrimonio neto

- Haz una lista de todos tus activos (cuentas bancarias, inversiones, propiedades, etc.). Para las propiedades que tengan hipoteca, deberías poner el valor completo de la vivienda, restarle lo que debes y ahí te queda el patrimonio neto, que es lo que realmente es tuyo:

_____

_____

_____

_____

_____

_____

_____

_____

_____

- Haz una lista de todas tus deudas (tarjetas, préstamos, hipotecas, etc.):

  _____

  _____

  _____

  _____

  _____

- Calcula tu patrimonio neto: Activos – Deudas = Patrimonio neto:

  _____

  _____

  _____

  _____

## B. Flujo de caja mensual

- Ingresos netos mensuales:

  _____

  _____

- Gastos fijos mensuales (hipoteca, alquiler, seguros, préstamos):

  _____

  _____

- Gastos variables promedio (alimentación, entretenimiento, ropa):

  _____

  _____

- Sobra/falta mensual: Ingresos – Gastos = Flujo de caja:

_____

_____

## Paso 2. Define tus objetivos financieros

Categoriza por plazo:

- Corto plazo (1-2 años):
    o Fondo de emergencia.
    o Vacaciones.
    o Compras importantes (coche, electrodomésticos).
- Medio plazo (3-10 años):
    o Entrada para vivienda.
    o Formación/educación.
    o Inicio de negocio propio.
- Largo plazo (+10 años):
    o Jubilación.
    o Libertad financiera.
    o Herencia para los hijos.

Hazlos específicos y medibles; en vez de que tu objetivo sea «ahorrar para las vacaciones» escribe: «3.000 € para el viaje a Japón en 18 meses»:

_____

_____

_____

## Paso 3. Prioriza tus objetivos

No puedes hacerlo todo a la vez. Usa este orden para tus prioridades:

1. Elimina deudas de alto interés (tarjetas de crédito).
2. Fondo de emergencia básico (1.000 €).
3. Fondo de emergencia completo (3-6 meses de gastos).
4. Objetivos a medio plazo más importantes.
5. Jubilación/libertad financiera.
6. Objetivos secundarios.

## Paso 4. Calcula cuánto necesitas ahorrar

Para cada objetivo, calcula:

- Cantidad total necesaria.
- Tiempo disponible.
- Ahorro mensual requerido.

Ejemplo: 15.000 € para la entrada de una vivienda en 5 años = 250 € mensuales (sin considerar rentabilidad):

_____

_____

_____

_____

_____

_____

_____

_____

## Paso 5. Identifica de dónde saldrá el dinero

### A. Reducir gastos

- Revisar suscripciones y servicios.
- Optimizar gastos grandes (vivienda, transporte, alimentación).
- Eliminar gastos «zombis» (cosas que pagas de manera automática pero que no usas).

### B. Aumentar ingresos

- Negociar aumento salarial.
- Trabajos extras.
- Formación para mejorar el empleo.
- Vender cosas que no necesites.

## Paso 6. Asigna el dinero a instrumentos específicos

- **Liquidez inmediata:** Cuentas de ahorro, depósitos a corto plazo.
- **Horizonte 1-3 años:** Depósitos a plazo, fondos conservadores.
- **Horizonte 3-10 años:** Fondos mixtos, carteras balanceadas.
- **Horizonte +10 años:** Fondos de renta variable, ETF, acciones.

## Paso 7. Automatiza todo lo posible

- Transferencias automáticas a cuentas de ahorro.
- Aportaciones automáticas a fondos de inversión.
- Domiciliaciones para evitar olvidos y comisiones.

## Paso 8. Crea tu sistema de seguimiento

Todos los meses revisa:

- Progreso hacia cada objetivo.
- Gastos *vs.* presupuesto.
- Rendimiento de inversiones (sin obsesionarse).
- Ajustes necesarios.

Cada tres meses revisa:

- ¿Sigues encaminado hacia tus objetivos?
- ¿Han cambiado tus prioridades?
- ¿Necesitas ajustar las cantidades de ahorro?
- ¿Han aparecido nuevas oportunidades o necesidades?

Consejos para mantener tu plan:

1. **Empieza por lo sencillo:** Es mejor tener un plan básico que implementes que uno perfecto que abandones.
2. **Sé realista:** No planifiques ahorrar el 80 % de tus ingresos si nunca has ahorrado ni el 10 %.
3. **Celebra los logos:** Alcanzar los primeros 1.000 €, 5.000 €, etc. Reconoce tu progreso.

4. **No te obsesiones con la perfección:** Los mercados fluctúan, la vida cambia. Tu plan debe ser flexible.

5. **Edúcate continuamente:** Lee, aprende, pero no te paralices por querer saberlo todo antes de empezar.

6. **Busca apoyo:** Comparte tus objetivos con familiares o amigos que te apoyen.

Cuándo buscar ayuda profesional:

- Tienes activos superiores a 100.000 €.
- Situación fiscal compleja (múltiples fuentes de ingresos, autónomo, etc.).
- Planificación de herencias significativas.
- Te sientes abrumado y no sabes por dónde empezar.

_____

_____

_____

_____

_____

Recuerda: Un plan financiero no es algo que haces una vez y luego te olvidas. Es un documento vivo que debe evolucionar contigo. Lo importante no es que sea perfecto desde el principio, sino que empieces y lo vayas refinando con el tiempo.

# CAPÍTULO 12
# EL DINERO NO DA LA FELICIDAD, PERO AYUDA

## Cómo usar el dinero para lo que de verdad importa

El dinero es como un amplificador de quién eres en realidad. Si lo que más te importa es tu familia, pues el dinero te puede dar tiempo para estar con ella o recursos para ayudarla.

Si eres de los que les va la aventura, te puede financiar viajes y experiencias; si eres más de buscar seguridad, te da esa tranquilidad mental que tanto necesitas.

Pero aquí está la cosa: la mayoría de las veces nos gastamos el dinero sin pensar si eso que compramos tiene que ver con lo que realmente nos importa. Compramos porque está de oferta, porque lo tiene el vecino o porque nos hace sentir mejor un ratito. Pero casi nunca nos paramos a pensar: «Oye, ¿esto que voy a comprar me acerca a lo que de verdad me importa?».

## El ejercicio de los valores (que suena muy elegante, pero es superútil)

Antes de tomar cualquier decisión importante con el dinero, hazte estas preguntas:

1. ¿Cuáles son las 5 cosas o sensaciones que más me importan en la vida? (familia, libertad, seguridad, creatividad, aventura...).

2. ¿Cómo estoy usando mi dinero ahora mismo para apoyar estas cosas?

3. ¿En qué me estoy gastando el dinero que NO tiene nada que ver con lo que me importa?

4. ¿Qué podría cambiar para que mi dinero vaya más en línea con mis valores?

Por ejemplo, imagínate que dices que lo que más te importa es la familia, pero te gastas 200 € al mes en comidas fuera en lugar de llevarte un táper al trabajo y usar ese dinero para hacer una escapada familiar cada tres meses. Ahí tienes un desajuste, ¿verdad?

## Comprar tiempo, no chorradas

Una de las mejores inversiones que puedes hacer es comprarte tiempo.

Y esto puede ser:

- Contratar a alguien para que te limpie la casa, hacer compras online, pedir comida a domicilio cuando estás hasta arriba.

- Vivir más cerca del trabajo, aunque te cueste más dinero, para no perder dos horas al día en el transporte.
- Pagar por cosas que te hagan la vida más fácil y te dejen tiempo para lo que importa de verdad.
- Automatizar tareas financieras.

*El tiempo es lo único que no puedes fabricar más. El dinero sí puedes ganarlo, pero las horas del día son las que son. Así que, si puedes usar dinero para optimizar cómo usas el tiempo que tienes, adelante.*

## Experiencias *vs.* cosas: por qué es mejor gastarse el dinero en vivir que en tener cosas

Las experiencias te dan más felicidad a largo plazo que los objetos, y esto no es algo que me invente yo, está estudiadísimo. ¿Por qué?

- Las experiencias forman parte de quién eres de una manera que las cosas no.
- No puedes compararlas fácilmente con las de otros (no hay un «modelo superior» de experiencia).
- Con el tiempo las recuerdas cada vez mejor, gracias a la nostalgia y esas cosas.
- Cuando las compartes con otra gente, crean vínculos.
- No se estropean ni se quedan obsoletas.

## El arte de gastar con cabeza

Gastar con cabeza no significa ser tacaño con todo, significa gastarte mucho en lo que te importa y poco en lo que no. Hay gente que se gasta 500 € en una cena especial con su familia, pero busca descuentos para el champú. Otros se ventilan 2.000 € en un ordenador que les va a facilitar el trabajo, pero van en transporte público para ahorrar en taxis.

Ninguna está mal. Lo importante es que seas consciente de dónde pones tu dinero, no de que copies las prioridades de otros.

## Deja de compararte con los demás (en serio, para ya)

Las comparaciones son odiosas, y esto es cierto sobre todo cuando hablamos de dinero.

Con las redes sociales estamos todo el día viendo la vida en apariencia perfecta de otras personas, sus vacaciones de ensueño, sus compras caras y su estilo de vida que da envidia.

## El problema de compararse en temas de dinero

Cuando te comparas a nivel financiero con otros, estás comparando:

- Tu realidad completa *vs.* la imagen supereditada que enseñan.
- Tus dudas internas *vs.* la confianza que aparentan por fuera.
- Tu proceso *vs.* sus resultados (sin saber cuánto tiempo o esfuerzo les ha costado).

- Tu situación particular *vs.* circunstancias que no conoces para nada.

Además, puedes ver el cochazo del vecino, pero no sabes si lo tiene financiado al 100 %, si se lo pagaron sus padres o si está sacrificando los ahorros para la jubilación para mantener esa imagen.

## Lo que te cuesta de verdad compararte

Las comparaciones no solo te hacen sentir mal, sino que tienen consecuencias reales en tu bolsillo:

- **Te subes el nivel de vida sin necesidad:** Intentar «seguir el ritmo» de otros puede llevarte a gastarte más de lo que tu situación permite en realidad.

- **Decisiones emocionales con las inversiones:** «Mi colega está ganando un montón con las criptomonedas, yo también debería...». Este tipo de FOMO puede llevarte a tomar decisiones financieras terribles.

- **Te endeudas por las apariencias:** Hay gente que se endeuda específicamente para mantener una imagen que cree que otros esperan de ellos.

- **Ansiedad con el dinero:** Sentir de manera constante que «no llegas» con el dinero puede crearte un estrés crónico que afecta tu capacidad de tomar buenas decisiones.

## Cómo salir de la trampa de la comparación

1. **Haz limpieza en tus redes sociales:** Deja de seguir cuentas que siempre te hacen sentir que no llegas con el dinero, limita el tiempo que pasas en redes sociales.

2. **Céntrate en tu progreso**: ¿Estás mejor que hace un año? ¿Que hace cinco años? Celebra las pequeñas victorias.

3. **Define el éxito a tu manera**: ¿Qué significa para ti ser rico? ¿Libertad? ¿Seguridad? ¿Poder ayudar a otros?

4. **Practica la gratitud financiera**: Una vez al mes haz una lista de tres cosas por las que estás agradecido a nivel económico.

5. **Busca inspiración, no competencia**: Aprende de otros sin sentir que tienes que igualarlos.

## El concepto de «suficiente»

Una de las claves para dejar de compararte es desarrollar un sentido claro de cuánto es suficiente para ti. Esto no significa conformarte con poco, sino entender cuáles son tus necesidades reales frente a los deseos que te crea compararte con otros.

Recuerda: Muchas veces, las personas que parecen más ricas (ropa cara, coches de lujo, casas grandes) son las que tienen menos riqueza real porque se gastan todo en mantener esa imagen. La gente rica de verdad a menudo vive por debajo de sus posibilidades y acumula patrimonio sin hacer ruido...

## Gastarte el dinero sin sentirte mal

Una de las mayores ironías de mejorar tus finanzas es que algunas personas se vuelven tan restrictivas que se olvidan de disfrutar del dinero que tanto trabajo les ha costado ganar y ahorrar. Llegan al extremo opuesto: tener dinero, pero sentirse culpables cada vez que se lo gastan.

## La culpa con el dinero es tan mala como gastárselo sin control

Si has crecido con mensajes negativos sobre el dinero, o si has pasado por épocas malas a nivel económico, puedes desarrollar una relación ansiosa con el gasto que sigue ahí incluso cuando tu situación mejora.

## Señales de que te sientes demasiado culpable

- Te sientes mal cada vez que compras algo que no es «estrictamente necesario».
- Te obsesionas con encontrar el precio más bajo en TODO, incluso cuando el tiempo que inviertes vale más que lo que ahorras.
- Evitas experiencias que podrías permitirte porque «es tirar el dinero».
- Te sientes juzgado por dentro cada vez que disfrutas de algo.

## Cómo gastarte el dinero sin sentirte culpable

1. **Define tu dinero libre:** Una vez cubiertos los ahorros, inversiones y gastos básicos, el dinero que sobra es tuyo para que te lo gastes sin culpa. Algunos expertos sugieren que hay que dedicar un 10-20 % de lo que ganas a «dinero divertido».

2. **Pon límites claros por categorías:**
   - 100 € al mes para caprichos personales
   - 200 € cada tres meses para experiencias especiales
   - 50 € al mes para aficiones

3. **Aplica la regla de «preaprobación»:** En vez de cuestionarte cada gasto en el momento, define antes qué tipo de gastos consideras valiosos para ti.

## Tipos de gasto que no deberían darte ni una pizca de culpa

- Inversiones en ti mismo:
  - Educación, cursos, conferencias...
  - Cuidado de la salud (médico, dentista, psicólogo...).
  - Herramientas que te hagan más productivo o te mejoren la vida.
  - Ropa adecuada para oportunidades de trabajo.
- Experiencias que importan:
  - Viajes que te abran la mente.
  - Eventos con personas a las que quieres.
  - Actividades que te desafíen o diviertan.
  - Celebraciones de logros importantes.

- Comodidades que te dan tiempo:
  - Servicios que te ahorren tiempo para cosas más importantes.
  - Tecnología que de verdad te mejora la vida.
  - Vivir en un sitio que te reduzca el tiempo de ir al trabajo.
- Generosidad:
  - Regalos a personas que te importan.
  - Donaciones a causas que te importan.
  - Invitar a otros cuando puedes permitírtelo.

## La técnica del gasto planeado *vs.* el gasto impulsivo

- **Compras de menos de 50 €:** Pueden ser impulsivas de vez en cuando.
- **Compras de entre 50-200 €:** Espérate 24 horas antes de decidir.
- **Compras de más de 200 €:** Espérate una semana y háblalo con alguien de confianza.

El gasto planeado casi nunca te genera culpa porque has tenido tiempo de pensar si de verdad lo quieres y te lo puedes permitir.

## Ser rico en experiencias, no solo en la cuenta del banco

La verdadera riqueza no se mide solo en el saldo de la cuenta bancaria, también en lo ricas que son tus experiencias, en lo profundas que son tus relaciones, en lo amplio que es tu conocimiento y lo satisfecho que te sientes con la vida que has construido.

## ¿Qué significa ser rico en experiencias?

- **Diversidad de vivencias:** Haber experimentado diferentes culturas, lugares, situaciones, desafíos. No hace falta irse al otro lado del mundo, puede ser tan simple como probar una afición nueva, aprender algo diferente o conectar con gente fuera de tu círculo habitual.
- **Crecimiento personal:** Experiencias que te han cambiado, te han enseñado algo sobre ti mismo o te han abierto la mente.
- **Conexiones humanas que importan:** Relaciones profundas, momentos compartidos memorables, impacto positivo en la vida de otros.
- **Ser bueno de verdad en algo:** La satisfacción de llegar a dominar algo, ya sea un instrumento, un deporte, algo del trabajo o cualquier área de conocimiento.
- **Contribución y propósito:** Experiencias en las que has marcado la diferencia, por pequeña que sea, en algo más grande que tú.

## Experiencias que no necesitan mucho dinero, pero te enriquecen un montón

- Aprendizaje y crecimiento:
  - Leer libros de la biblioteca.

- o Ver documentales y charlas TED.
- o Practicar meditación o *mindfulness*.
- o Aprender idiomas con aplicaciones gratuitas.
- o Ir a conferencias y eventos gratuitos.
- Conexión social:
  - o Organizar cenas en las que cada uno trae algo.
  - o Unirte a grupos de cosas que te gustan (senderismo, lectura, juegos).
  - o Hacer voluntariado para causas que te importan.
  - o Enseñarle a otra gente cosas que sabes hacer.
- Exploración y aventura:
  - o Descubrir sitios gratuitos en tu propia ciudad.
  - o Hacer rutas de senderismo o bici.
  - o Explorar mercados y eventos culturales.
  - o Visitar museos en días de entrada gratuita.
- Creatividad y expresión:
  - o Escribir, dibujar, hacer fotos.
  - o Cocinar y experimentar con recetas.
  - o Jardinería, aunque sea en espacios pequeños.
  - o Crear música, aunque sea tarareando.

## El portfolio de experiencias

Igual que diversificas tus inversiones, puedes diversificar tus experiencias:

- **Zona de confort:** Actividades que sabes que disfrutas y te dan satisfacción.

- **Zona de crecimiento:** Desafíos que te sacan un poco de tu zona de confort y te ayudan a crecer.
- **Conexión:** Tiempo dedicado a profundizar en relaciones o crear nuevas.
- **Contribución:** Actividades con las que aportas algo al mundo.
- **Exploración:** Cosas nuevas que expanden tu perspectiva.

## El equilibrio entre ahorrar para el futuro y vivir el presente

- **La regla del 80/20 experiencial:** Si estás ahorrando de forma constante para el futuro (aunque sea poco), puedes permitirte gastarte el resto en experiencias del presente sin sentirte culpable por ello.
- **Experiencias escalables:** Muchas experiencias se pueden adaptar a cualquier presupuesto. Puedes viajar con 500 € o con 5.000 €; ambas pueden cambiarte la vida.
- **La perspectiva de cuando seas muy mayor:** Cuando tengas 80 años, ¿qué recordarás con más satisfacción: el dinero que has acumulado o las experiencias que has vivido?

Recuerda: El dinero es una herramienta, no un objetivo final. Su valor real está en las puertas que te abre, las experiencias que te permite vivir y la libertad que te da para vivir según tus valores. Una cuenta bancaria gorda sin experiencias que la

acompañen está tan incompleta como una vida llena de experiencias, pero sin una seguridad financiera que te permita disfrutarlas sin agobios.

El objetivo es encontrar ese equilibrio er el que tu dinero esté al servicio de una vida rica en todos los sentidos de la palabra.

# CAPÍTULO 13
# SI YO PUDE, TÚ TAMBIÉN PUEDES

Si alguien me hubiera dicho hace unos años que iba a escribir un libro sobre finanzas y que me iba a dedicar a ayudar a otras personas a cambiar su relación con el dinero y con su vida... probablemente me habría reído en su cara. Porque mi historia no empezó con dinero ni con oportunidades claras ni con un plan definido. Mi punto de partida fue la incertidumbre, el miedo y la sensación constante de que la vida se me estaba yendo de las manos.

Viví épocas en las que la palabra «futuro» me sonaba a chino. Perdimos la casa cuando yo era adolescente. La enfermedad llamó a la puerta de mi familia. El estrés y la ansiedad se instalaron en mi día a día como *okupas*. Hubo momentos en los que sobrevivía sin más, no tenía energía para imaginar un «mañana mejor». Y, por si fuera poco, tenía unas ideas sobre el dinero que me hacían verlo como un problema, no como una herramienta.

Para mí, el dinero era siempre escasez. Era preocupación. Era la fuente de broncas familiares, de noches sin pegar ojo, de tener que decidir entre necesidades básicas. Crecí pensando que el dinero no da la felicidad y que los ricos eran avariciosos, sin darme cuenta de que esas ideas me estaban haciendo polvo desde dentro.

Pero aquí está la cosa: un día, cuando sentí que no podía más, decidí que no quería seguir viviendo así. No fue una revelación mágica, sino una pequeña chispa: las ganas de aprender, de mejorar, de recuperar el control. Fue un día cualquiera cuando me di cuenta de que llevaba años esperando que otra persona solucionara mis problemas de dinero, que las cosas mejoraran por arte de magia, que la suerte me sonriera al fin.

Ese día entendí algo fundamental: nadie iba a rescatarme. Y por paradójico que resulte, esa comprensión no me hundió más, sino que me liberó.

Me puse las pilas, leí, escuché, invertí tiempo, dinero y esfuerzo en aprender cosas que nunca me habían enseñado ni en casa ni en el cole. Empecé con lo que tenía, que no era mucho, pero lo puse todo sobre la mesa. Mi primer fondo de emergencia fueron 200 € que reuní vendiendo cosas que ya no usaba. Mi primera inversión fueron 50 € al mes en un fondo que ni siquiera entendía del todo, pero sabía que era mejor que tener el dinero parado.

Al principio, los avances eran lentos. Hubo días en los que dudaba si valía la pena. Me enfrenté a fracasos, a negocios que no funcionaron, a inversiones que no dieron fruto y a gente que me decía que estaba perdiendo el tiempo. Hubo meses en los que me pasé de tacaña con mis gastos y otros en los que volví a las andadas. Me comparé mil veces con personas que parecían tenerlo todo controlado, sin saber que muchas de ellas estaban igual o peor que yo.

Pero lo que ellas no sabían (y yo tampoco lo pillaba del todo) era que cada error estaba construyendo la base de la persona en la que me estaba convirtiendo. Cada eurillo ahorrado, cada libro leído, cada «no» que le dije a un gasto innecesario, cada vez que elegí cocinar en casa en lugar de pedir comida, estaba construyendo algo más grande que dinero en el banco: estaba construyendo confianza en mí misma.

No fue solo aprender de finanzas, fue aprender de mí misma: de mi capacidad de aguantar, de reinventarme, de levantarme una y otra vez. Descubrí que tenía más fuerza de voluntad de la que pensaba, más creatividad para encontrar soluciones, más aguante para mantenerme en el camino incluso cuando todo parecía ir cuesta arriba.

Y sin darme cuenta, un día me encontré viviendo la vida que antes veía como un sueño lejano: ayudando a gente, trabajando con libertad, tomando mis propias decisiones y, sobre todo, sintiéndome orgullosa de quién soy y de lo que he construido. Mirando atrás, me doy cuenta de que el verdadero cambio no sucedió en mi cuenta del banco, sino en mi relación conmigo misma y con la idea de lo que era posible para mi vida.

Hoy duermo tranquila. No porque sea millonaria, sino porque sé que tengo control sobre mi dinero y, por tanto, sobre mi vida. Puedo tomar decisiones basándome en lo que deseo, no solo en lo que me puedo permitir. Puedo ser generosa con la gente que quiero sin perjudicar a mi futuro. Y, cuando surge un imprevisto, en lugar de entrar en pánico, tengo las herramientas y los recursos para gestionarlo.

Por eso te digo esto con total convicción: Si yo pude, tú también puedes. No tienes que tenerlo todo claro. No tienes que esperar el momento perfecto, porque no existe. No importa cuántas cagadas hayas hecho ni cuántas veces hayas sentido que es demasiado tarde. No importa si vienes de una familia sin educación financiera, si has tomado malas decisiones en el pasado o si sientes que no tiene sentido empezar «tan tarde».

Lo único que necesitas es decidir que quieres empezar... y dar el primer paso, aunque sea pequeño, aunque te tiemblen las piernas. Ese primer paso puede ser tan simple como escribir tus gastos durante una semana, transferir 20 € a una cuenta de ahorro o cancelar una suscripción que no usas. No tiene que ser perfecto, solo tiene que ser un paso adelante.

El dinero, las oportunidades, el conocimiento... todo eso llegará si eres persistente. Pero el verdadero cambio empieza dentro de ti: cuando dejas de verte como una víctima de las circunstancias y te reconoces como el protagonista de tu historia. Cuando entiendes que tu situación actual no es tu destino permanente, sino tan solo tu punto de partida.

La transformación no es una línea recta. Habrá días buenos y días de mierda (lo siento, pero aquí te hablo como si te conociera de toda la vida). Habrá momentos que sientas que progresas rapidísimo y otros que parezca que das pasos atrás. Todo eso es normal. Lo que importa no es la velocidad, sino la dirección. Y cada día que eliges trabajar en tus finanzas, cada decisión consciente que tomas, cada pequeño «no» a un gasto innecesario, te está acercando a la vida que quieres vivir.

Hoy tienes en tus manos las herramientas, los conceptos y las estrategias que yo misma utilicé para transformar mi vida. Ahora te toca a ti. No subestimes tu poder. No minimices tu capacidad de cambio. No te digas que ya es muy tarde o que esto no es para gente como tú. Porque la verdad es esta: el miedo no desaparece, pero deja de dominarte cuando decides plantarle cara.

He visto transformaciones increíbles en personas que empezaron desde cero, que tenían deudas que parecían imposibles de pagar, que pensaban que nunca podrían ahorrar ni un euro. He visto a gente que cambió completamente su relación con el dinero y, al hacerlo, también su vida entera. No eran superhéroes ni genios financieros. Eran personas normales que tomaron la decisión de que se merecían algo mejor.

Y tú también te lo mereces.

No sé qué retos tienes hoy, pero sí sé algo: cuando decidas que tu historia no termina aquí, sino que apenas está empezando, el mundo empezará a abrirse para ti. Verás oportunidades donde antes solo veías problemas. Encontrarás soluciones donde antes solo veías obstáculos. Descubrirás recursos internos que no sabías que tenías.

El primer paso es tuyo. El siguiente, también. Y cuando mires atrás, dentro de uno, de dos, de cinco años, descubrirás que ese «no puedo» que hoy escuchas en tu cabeza, se habrá convertido en un «lo conseguí». Descubrirás que eras más fuerte, más capaz, más resistente de lo que jamás imaginaste.

Tu futuro te está esperando. Esa versión de ti que duerme tranquila, que toma decisiones desde la abundancia y no desde el miedo, que tiene control sobre su dinero y su vida. Esa persona no es un sueño imposible. Es tu destino, si decides reclamarlo.

Si yo pude... tú también.

El viaje empieza ahora. ¿Nos vamos?

# BONUS TRACK

**_Checklist_ para empezar a poner en orden tus finanzas ya**

Has leído el libro, tienes la cabeza llena de ideas y ahora te preguntas: «¿Por dónde empiezo exactamente?». Esta _checklist_ está diseñada para que en las próximas cuatro semanas puedas implementar los fundamentos más importantes de lo que hemos discutido.

## SEMANA 1. RADIOGRAFÍA FINANCIERA

### Día 1-2. Conoce tu situación actual:

- Anota todos tus ingresos mensuales netos.
- Haz una lista de todos tus gastos fijos mensuales (alquiler, seguros, préstamos).
- Revisa tres meses de extractos bancarios para calcular gastos variables promedio.
- Criptomonedas (¡SOLO si sobra el dinero!).
- Calcula tu flujo de caja mensual: Ingresos - Gastos = ?

### Día 3-4. Inventario de activos y deudas:

- Haz una lista de todas tus cuentas bancarias y sus saldos.
- Anota todas tus deudas (cantidad, interés, cuota mínima).

- Calcula tu patrimonio neto: Activos – Deudas = ?
- Identifica tu deuda más cara (mayor interés).

### Día 5-7. Identificar sangrados financieros:

- Revisa todas tus suscripciones automáticas.
- Identifica gastos «zombi» (cosas que pagas, pero no usas).
- Anota tus cinco gastos más grandes que no sean vivienda.
- Calcula cuánto gastas todos los meses en cada categoría (alimentación, transporte, ocio, etc.).

## SEMANA 2. FUNDAMENTOS DE EMERGENCIA

### Día 8-10. Crear tu fondo de emergencia inicial:

- Abre una cuenta de ahorro separada para emergencias.
- Transfiere la cantidad de dinero que puedas (aunque sean 50 €) como «semilla».
- Configura una transferencia automática semanal de 25 € (o lo que puedas).
- Objetivo inicial: llegar a 1.000 € lo antes posible.

### Día 11-12. Eliminar gastos innecesarios inmediatos:

- Cancela al menos dos suscripciones que no uses de manera activa.
- Revisa tu plan de móvil: ¿puedes reducirlo?
- Cambia a una tarifa eléctrica más competitiva.
- Evalúa tu seguro de coche: compara precios.

### Día 13-14. Organizar documentos importantes:

- Reúne todos tus contratos bancarios.
- Localiza pólizas de seguros.

- Organiza documentos fiscales del año anterior.
- Crea un archivo (físico o digital) para documentos financieros.

## SEMANA 3. SISTEMA DE GESTIÓN

## Día 15-17. Implementar un método de seguimiento:

- Descarga una aplicación de finanzas personales o crea una hoja de cálculo sencilla.
- Configura categorías básicas (vivienda, alimentación, transporte, ocio, ahorros).
- Introduce tus gastos de los últimos siete días.
- Establece presupuestos realistas para cada categoría.

## Día 18-19. Automatizar lo básico:

- Configura una domiciliación bancaria para todas las facturas fijas.
- Programa transferencias automáticas a tu fondo de emergencia.
- Si tienes deudas de tarjeta, configura un pago automático del importe total.
- Establece alertas de saldo bajo en tu cuenta principal.

## Día 20-21. Preparar el método «págate primero»:

- Calcula el 10 % de tus ingresos netos mensuales.
- Si es demasiado, empieza con 5 % o incluso 50 € fijos.
- Programa esta transferencia para el día siguiente a recibir la nómina.
- El dinero debe ir a una cuenta separada a la que no sea fácil acceder.

## SEMANA 4. PLANIFICACIÓN Y PROTECCIÓN

### Día 22-24. Revisar seguros básicos:

- Confirma que tienes seguro de salud activo.
- Si tienes coche, revisa que el seguro esté al día.
- Si alquilas, considera un seguro de contenido básico.
- Si tienes personas que dependan de ti, evalúa si necesitas seguro de vida temporal.

### Día 25-26. Definir primer objetivo de ahorro:

- Elige UN objetivo específico para los próximos 6-12 meses y calcula cuánto necesitas ahorrar todos los meses para lograrlo.
- Abre una cuenta separada para este objetivo (o usa sub-cuentas virtuales).
- Programa transferencia automática para este objetivo.

### Día 27-28. Plan básico de inversión (si procede):

- Si ya tienes un fondo de emergencia de 1.000 €, considera invertir.
- Investiga uno o dos fondos indexados de tu banco que tengan comisiones bajas.
- explora un roboadvisor sencillo.
- Si decides proceder, empieza con 50-100 € al mes.

## REVISIÓN MENSUAL

- Revisa el progreso hacia fondo de emergencia.
- Evalúa si has cumplido tus presupuestos por categoría.
- Ajusta transferencias automáticas si es necesario.
- Celebra las pequeñas victorias y aprende de errores.

## SEÑALES DE QUE VAS POR BUEN CAMINO

- Sabes exactamente cuánto dinero tienes.
- Las facturas o los gastos no te pillan por sorpresa.
- Ahorras algo cada mes, aunque sea poco.
- No usas tarjetas de crédito para gastos corrientes.
- Duermes mejor porque tienes más control.

## QUÉ HACER SI TE SIENTES ABRUMADO

- Haz solo UNA cosa de la lista cada día.
- Comienza por lo más fácil para ganar impulso.
- No busques perfección, busca progreso.
- Pide ayuda a un amigo o familiar si la necesitas.
- Recuerda: cualquier paso adelante es mejor que ninguno.

## Calendario anual: qué hacer y revisar cada mes

Gestionar tus finanzas de manera eficiente no requiere trabajo diario intenso, pero sí revisiones regulares y acciones estacionales. Este calendario te ayudará a distribuir las tareas financieras a lo largo del año para que nunca se acumulen.

## ENERO - PLANIFICACIÓN Y NUEVOS COMIENZOS
## Primera semana:

- Revisar gastos totales del año anterior.
- Calcular patrimonio neto al cierre del año.
- Establecer objetivos financieros específicos para el nuevo año.
- Revisar y ajustar presupuesto mensual.

## Segunda semana:

- Reunir documentos para la declaración de la renta.

- Revisar aportaciones a planes de pensiones del año anterior.

- Evaluar estrategia de inversión: ¿Es necesario hacer algún cambio?

## Tercera semana:

- Revisar todas las pólizas de seguros: ¿Siguen siendo competitivas?

- Negociar contratos anuales (móvil, internet, seguros).

- Planificar grandes gastos del año (vacaciones, reparaciones, etc.).

## Cuarta semana:

- Incrementar aportaciones de inversión, si es posible.

- Revisar límites de tarjetas de crédito.

- Revisar y organizar documentos financieros del año anterior.

## FEBRERO - OPTIMIZACIÓN FISCAL

## Enfoque del mes: Preparar declaración de la renta:

- Completar la declaración de la renta o preparar los documentos para el gestor.

- Revisar deducciones disponibles que puedas haber pasado por alto.

- Si el resultado previsto es a devolver, planificar lo que vas a hacer con ese dinero (ahorros, inversión, gastos planificados).

- Evaluar estrategias para optimizar el año actual a nivel fiscal.

### Revisión mensual estándar:

- Progreso hacia objetivos de ahorro.

- Análisis de gastos del mes anterior.

- Establecer objetivos financieros específicos para el nuevo año.

## MARZO - REVISIÓN TRIMESTRAL

### Primera revisión importante del año:

- Evaluar progreso hacia objetivos del primer cuatrimestre.

- Revisar rentabilidad de inversiones (sin obsesionarse).

- Ajustar presupuesto si hay cambios en ingresos/gastos.

- Planificar gastos del segundo trimestre.

### Tareas específicas:

- Revisar fondo de emergencia: ¿Es necesario incrementarlo?

- Evaluar seguros de salud si hay periodo de cambio.

- Planificación fiscal para el resto del año.

## ABRIL - INVERSIÓN Y CRECIMIENTO

### Enfoque en hacer crecer el patrimonio:

- Revisar cartera de inversiones y diversificación.

- Considerar aumentar aportaciones si ha mejorado la situación laboral.

- Evaluar nuevas oportunidades de inversión.

- Revisar comisiones de productos financieros.

### Tareas administrativas:

- Actualizar beneficiarios en seguros e inversiones.

- Revisar testamento si ha habido cambios familiares.

## MAYO – PLANIFICACIÓN DE VACACIONES

### Gestión inteligente del ocio:

- Finalizar presupuesto de vacaciones de verano.

- Buscar mejores ofertas para viajes planificados.

- Evaluar si necesitas seguro de viaje.

- Planificar gastos extra de primavera/verano.

### Revisión de rutinas:

- ¿Funcionan las automatizaciones?

- Evaluar gastos en transporte ahora que llega el buen tiempo.

## JUNIO – REVISIÓN SEMESTRAL

### Evaluación de medio año:

- Análisis completo de progreso hacia objetivos anuales.

- Revisar si es necesario ajustar estrategias.

- Evaluar cambios en situación laboral/personal.

- Planificar segunda mitad del año.

### Optimización de verano:

- Revisar gastos de energía: ¿Se puede optimizar para el verano?

- Evaluar gastos de actividades estacionales.

## JULIO – MANTENIMIENTO Y DISFRUTE

### Mes más relajado a nivel financiero:

- Disfrutar de las vacaciones sin estrés financiero (si están presupuestadas).

- Ligera revisión de gastos.

- Aprovechar para educación financiera (lectura, podcasts).

### Preparación para los gastos de vuelta:

- Planificar la vuelta al cole si tienes hijos.
- Evaluar gastos de septiembre (renovación actividades, etc.).

## AGOSTO - PREPARACIÓN PARA EL OTOÑO
### Vuelta a la rutina financiera:

- Revisar y ajustar presupuesto posvacaciones.
- Planificar gastos del último cuatrimestre.
- Evaluar necesidad de ropa/equipamiento para el nuevo curso.

### Revisión de inversiones:

- Rebalanceo trimestral, si es necesario.
- Evaluar *performance* sin tomar decisiones emocionales.

## SEPTIEMBRE - RENOVACIÓN
### Nuevo curso financiero:

- Revisar, y quizá cambiar, rutinas financieras.
- Evaluar nuevos objetivós para los últimos meses del año.
- Renovar o cambiar seguros si es temporada.

### Preparación fiscal:

- Evaluar estrategias de fin de año para optimizar impuestos.
- Considerar la posibilidad de realizar aportaciones adicionales a planes de pensiones.

## OCTUBRE - REVISIÓN TRIMESTRAL

### Preparación para el final de año:

- Evaluar si vas a cumplir los objetivos anuales.
- Planificar estrategias para los últimos meses.
- Revisar gastos de calefacción/energía para el invierno.

### Enfoque en protección:

- Revisar seguros antes del invierno.
- Evaluar gastos médicos de cara a final de año.

## NOVIEMBRE - PLANIFICACIÓN DEL NUEVO AÑO

### Mirada al futuro:

- Comenzar la planificación financiera del año siguiente.
- Evaluar cambios laborales/personales para el próximo año.
- Planificar gastos navideños.

### Optimización fiscal de fin de año:

- Últimas aportaciones a planes de pensiones.
- Evaluar realizaciones de ganancias/pérdidas en inversiones.

## DICIEMBRE - CIERRE Y CELEBRACIÓN

### Cierre del año:

- Calcular patrimonio neto final del año.
- Revisar cumplimiento de objetivos.
- Planificar gastos navideños sin salirse del presupuesto.
- Preparar documentos para declaración del año siguiente.

### Celebración consciente:

- Reconocer los progresos del año.

- Disfrutar de los gastos navideños sin culpa si están presupuestados.
- Preparar estrategias para mantener la disciplina en época de gastos.

## REVISIONES MENSUALES ESTÁNDAR (TODOS LOS MESES)
### Presupuesto *vs.* gastos reales:

- Evaluar progreso hacia objetivos de ahorro.
- Comprobar fondo de emergencia.
- Revisar extractos bancarios y de tarjetas.
- Actualizar *tracking* de patrimonio neto.

## Glosario para entender términos financieros sin morir en el intento

**Activo:** Cualquier cosa que posees que tiene valor económico. Tu casa, tu coche, tus cuentas bancarias, tus inversiones... incluso tu educación, son activos (aunque no aparezca en el balance).

**Apalancamiento:** Usar dinero prestado para comprar más de algo, esperando que suba de precio más de lo que cuesta el préstamo. Como comprar una casa con hipoteca: pones 20.000 € pero compras algo de 100.000 €.

**Amortización:** El proceso gradual de pagar una deuda. Cada mes pagas un poco del principal (lo que debías en realidad) y un poco de intereses.

**Bear market (mercado bajista):** Cuando los precios de las inversiones bajan mucho y durante bastante tiempo. Como cuando tu primo pesimista predice que todo va a ir mal... y acierta.

**Bull market (mercado alcista):** Lo contrario del anterior. Cuando todo sube y todo el mundo está eufórico pensando que son unos genios de la inversión.

**Bróker:** El intermediario que te permite comprar y vender inversiones. Como el camarero que te trae lo que pides, pero para acciones y fondos.

**Cartera:** El conjunto de todas tus inversiones. Como tu equipo de fútbol financiero: quieres que tengan diferentes habilidades para que, si uno falla, otros compensen. También llamado **porfolio**.

**Capitalización:** Cuando reinviertes las ganancias en lugar de retirarlas. Es lo que hace que el interés compuesto haga su magia.

**Comisión TER:** El porcentaje anual que te cobra un fondo por gestionarlo. Cuanto menos, mejor. Es como la cuota del gimnasio: prefiero pagar poco por el mismo servicio.

**Diversificación:** No poner todos los huevos en la misma cesta. Tener diferentes tipos de inversiones para que si una va mal, las otras puedan compensarlo.

**Dividendo:** Dinero que las empresas reparten a sus accionistas cuando les va bien. Como recibir propinas por haber confiado en ellas.

**DCA (Dollar Cost Averaging):** Invertir la misma cantidad de manera regular, sin importar si los precios están altos o bajos. Reduce el estrés de intentar encontrar el timing perfecto.

**ETF (*Exchange Traded Fund*):** Un fondo que se compra y vende como una acción individual pero que contiene muchas empresas. Como un buffet libre donde pruebas de todo un poco.

**Emisor:** La entidad que crea un producto financiero. El chef que cocina los fondos de inversión.

**FIRE (*Financial Independence, Retire Early*):** La filosofía de ahorrar de manera agresiva para retirarse joven. Para gente que prefiere libertad a *gadgets*.

**Fondo indexado:** Un fondo que copia un índice bursátil. No intenta ser más listo que el mercado, tan solo lo replica. La opción piloto automático de la inversión.

**Fondo de emergencia:** Tu colchón financiero para cuando la vida te sorprenda. Entre 3-6 meses de gastos en una cuenta a la que puedas acceder con facilidad.

**Garantía:** Promesa de que recuperarás al menos el dinero que invertiste. Suena bien, pero por lo general significa que las ganancias potenciales son limitadas.

***Hedge* (cobertura):** Estrategia para protegerte contra pérdidas. Como llevar paraguas cuando hay nubes: puede que no llueva, pero mejor prevenir.

**Hipoteca:** Préstamo para comprar una casa en el que el propio inmueble sirve como garantía. Si no pagas, el banco se queda con la casa.

**Inflación:** Cuando los precios suben con el tiempo. Tu café de 1 € puede costar 1,50 € en unos años. Por eso necesitas que tu dinero crezca, no solo que se mantenga.

**Interés compuesto:** Ganar intereses sobre tus intereses. Es como una bola de nieve que se hace más grande rodando cuesta abajo. La octava maravilla del mundo, según Einstein.

**IPO (*Initial Public Offering*):** Cuando una empresa sale a bolsa por primera vez. Como la primera cita: puede ir muy bien o muy mal.

**Liquidez:** Lo rápido que puedes convertir algo en dinero efectivo. Tu cuenta corriente tiene liquidez total; tu casa, no tanto.

***Leverage*:** Versión en inglés de apalancamiento. Usar dinero prestado para amplificar ganancias potenciales (y también pérdidas).

***Market cap*:** Valor total de una empresa en bolsa. Número de acciones × precio por acción. Como el precio de toda la tarta, no solo de una porción.

**Mercado primario:** Donde se venden las inversiones por primera vez (como IPO). Como comprar directamente del fabricante.

**Mercado secundario:** Donde ya se intercambian inversiones entre inversores. Como el mercado de segunda mano de las finanzas.

**NAV (*Net Asset Value*):** El valor real de cada participación en un fondo. Como saber cuánto vale en realidad cada trozo del pastel.

**Opción:** Derecho (no obligación) a comprar o vender algo a un precio específico. Como reservar algo en una tienda: puedes comprarlo a ese precio o dejarlo.

**P/E Ratio (*Price to Earnings*):** Relación entre precio de una acción y los beneficios de la empresa. Ayuda a saber si algo está caro o barato.

**Patrimonio neto:** Todo lo que tienes menos todo lo que debes. Tu «nota final» financiera.

**Plusvalía:** Ganancia que obtienes cuando vendes algo por más de lo que pagaste. Lo opuesto a perder dinero.

**Portfolio:** El conjunto de todas tus inversiones. Como tu equipo de fútbol financiero: quieres que tengan diferentes habilidades para que, si uno falla, otros compensen. También llamado **cartera**.

**Rentabilidad:** Cuánto dinero ganas (o pierdes) con una inversión, expresado en porcentaje. Como las notas del colegio, pero con euros.

**Riesgo:** Posibilidad de perder dinero. Mayor riesgo por lo general significa mayor recompensa potencial, pero también mayor probabilidad de perder.

**ROI (*Return on Investment*):** Cuánto ganas comparado con lo que invertiste. Como medir si mereció la pena apostar por algo.

***Stop loss*:** Orden para vender de manera automática si el precio baja demasiado. Como un paracaídas de emergencia para tus inversiones.

***Spread*:** Diferencia entre precio de compra y venta. Como el margen que se queda el intermediario.

**TAE (tasa anual equivalente):** El coste real anual de un présta-mo incluyendo todos los gastos. El precio con todo incluido.

**TIN (tipo de interés nominal):** El interés básico sin incluir gastos adicionales. El precio sin extras.

**Título:** Documento que acredita que posees algo (acciones, bo-nos, etc.). Como el DNI de tus inversiones.

**Volatilidad:** Lo que suben y bajan los precios. Alta volatilidad = montaña rusa emocional. Baja volatilidad = paseo tranquilo.

*Value investing:* Estrategia de comprar empresas que parecen estar baratas respecto a su valor real. Como buscar gangas en las rebajas.

*Yield:* Rendimiento que produce una inversión, por lo general en dividendos o intereses. Como los frutos que da el árbol que plantaste.

## Frases que te sonarán menos intimidantes ahora

Si has estado atento durante la lectura, seguro que al escuchar las siguientes frases no te bloqueas ni te entran los sudores fríos. ¿Lo comprobamos?

- **«Diversifica tu portfolio con ETF de bajo TER»:** Mete tu dinero en varios sitios usando fondos baratos que copian el mercado.
- **«El DCA reduce la volatilidad del mercado»:** Invirtiendo de manera regular evitas las montañas rusas emocionales.
- **«Mi ROI anual promedio es del 7 %»:** Cada año gano de me-dia un 7 % de lo que invertí.

- **«Tengo una cartera 80/20 *equity/fixed income*»:** El 80 % de mi dinero está en acciones, el 20 % en bonos más seguros.
- **«Reinvierto los dividendos para aprovechar el interés compuesto»:** Cuando las empresas me dan dinero, lo vuelvo a invertir para que crezca más rápido.

*Recuerda: La jerga financiera existe para que los profesionales se sientan importantes y los novatos se sientan perdidos. Pero, en el fondo, todos estos conceptos son más simples de lo que parecen. No dejes que las palabras elegantes te impidan tomar el control de tu dinero.*

# AGRADECIMIENTOS

A mi marido, por regalarme el espacio y la tranquilidad que necesitaba para escribir cada página de este libro. Por entender mis ausencias y apoyar todas mis locuras desde el primer día.

A mis hijos, por cederme generosamente ese tiempo que era suyo. Cada hora invertida en este libro fue una hora que no pasé con vosotros, y lo sabéis. Gracias por entenderlo.

A mis padres, mis suegros y mi tía, por ser el soporte fundamental que hizo posible este proyecto. Por quedarse con los niños, por darme ese regalo invaluable de tiempo y concentración. Sin vosotros, este libro simplemente no existiría.

Este libro terminó de imprimirse
el mes de febrero de 2026.